ARMAND SILVESTRE

CONTES TRAGIQUES ET SENTIMENTAUX

PARIS

E. FLAMMARION

EDITEUR

Dernières Publications à 3 fr. 50 le volume.

AICARD (JEAN). — **Jésus**. Poème . . . . 1 vol.
— **Notre-Dame-d'Amour**. Roman . . . . 1 vol.
— **Diamant noir**. Roman . . . . 1 vol.
— **Don Juan** *ou la Comédie du siècle* . . . . 1 vol.
— **L'Été à l'Ombre** . . . . 1 vol.
ANTONIN BOSSU. — **Lois et Fonctions de reproduction** . . . 1 vol.
ARÈNE (PAUL). — **Domnine**. Roman . . . . 1 vol.
— **Le Midi Bouge** . . . . 1 vol.
AUBERT (CHARLES). — **Pantomimes Modernes**. Illustrées . . . . 1 vol.
BOISSIÈRE (JULES). — **Fumeurs d'Opium** . . . . 1 vol.
BONVALOT (GABRIEL). — **L'Asie inconnue**. Portrait et carte . . . . 1 vol.
BOUKAY (MAURICE). — **Nouvelles Chansons**. Illust. et Musique . . . 1 vol.
CAHU (TH.). — **Le Soldat Français à travers l'Histoire**. Illust. . 1 vol.
CATERS (L. DE). — **Passionnette**. Roman . . . . 1 vol.
CHANCEL (J.). — **Les Plaisirs gratuits de Pâris**. Illustré . . . . 1 vol.
COURTELINE (GEORGES). — **Les Hannetons**. Roman . . . . . . 1 vol.
DAUDET (ALPHONSE). — **Rose et Ninette**. Mœurs du jour . . . . 1 vol.
DANRIT (CAPITAINE). — **La Guerre de demain**. Ill. de P. de Sémant. 6 vol.
(Guerre de Forteresse, 2 vol.; En Rase Campagne, 2 vol.; En Ballon, 2 vol.)
— **Journal de Guerre du lieutenant Von Piefke**. Illustré . . . . 1 vol.
DEMESSE (HENRI). — **Petite Fifi** . . . . 1 vol.
DOCQUOIS (GEORGES). — **Bêtes et Gens de Lettres** . . . . . . 1 vol.
DRUMONT (ÉDOUARD). — **Mon Vieux Paris**. Illustr. de G. Coindre . . 1 vol.
— **De l'Or, de la Boue, du Sang**. Illustr. de G. Coindre . . . . . . 1 vol.
DUBOIS (FÉLIX). — **Le Péril Anarchiste**. 70 illustrations . . . . 1 vol.
FLAMMARION (CAMILLE). — **La Fin du Monde**. Illustré . . . . 1 vol.
— **Urania**. Illustré . . . . 1 vol.
FLERS (R. DE). — **Vers l'Orient**. Illustr. . . . . 1 vol.
GÉRARD (D^r). — **Le médecin de Madame**. Roman professionnel . . . 1 vol.
GINA SAXEBEY. — **Autour d'une dot**. Roman . . . . 1 vol.
HOUSSAYE (ARSÈNE). — **Souvenirs de Jeunesse** . . . . . . 2 vol.
JANNINE. — **Confidences de Femmes** . . . . 1 vol.
JUNG (EUGÈNE). — **Mademoiselle Moustique**. Mœurs tonkinoises. Illustré . . . . 1 vol.
KIST (HENRY). — **Par les Femmes**. Roman parisien . . . . 1 vol.
— **L'Amour à nu** . . . . 1 vol.
— **Chères Pécheresses** . . . . 1 vol.
LAMBERT (ALBERT). — **Sur les Planches**. Études de mise en scène . . 1 vol.
LAURENT (D^r). — **Sensations d'Orient**. Le Caire. La Judée. La Syrie. 1 vol.
MAËL (PIERRE). — **Petit Ange**. Roman . . . . 1 vol.
MAYGRIER (RAYMOND). — **Le Dernier Bohème**. Roman . . . . 1 vol.
MALOT (HECTOR). — **Le Roman de mes Romans** . . . . 1 vol.
— (Mme). **La Beauté**. Roman . . . . 1 vol.
MAIZEROY (RENÉ). — **Sœur Lise** . . . . 1 vol.
MARTINEAU (A.). — **Madagascar** . . . . 1 vol.
MARTRIN-DONOS. — **Légendes de Provence** . . . . 1 vol.
RENARD (JULES). — **Poil de Carotte** . . . . 1 vol.
RICHE (DANIEL). — **Les Ressources secrètes**. Roman . . . . . . 1 vol.
— **Trouble d'Âme**. Roman . . . . 1 vol.
RICHEBOURG (ÉMILE). — **Le Secret d'une Tombe** . . . . 1 vol.
— **La Jolie Dentellière** . . . . 1 vol.
SALES (PIERRE). — **Le Haut du Pavé**. Roman . . . . 1 vol.
— **Les Madeleines**. Roman . . . . 1 vol.
— **Miracle d'Amour** . . . . 1 vol.
— **Le Petit Charbonnier** . . . . 1 vol.
SILVESTRE (ARMAND). — **Contes Tragiques et Sentimentaux**. Illustrés . . . . 1 vol.
SIMON (JULES). — **Derniers mémoires des Autres**. Illust. . . . 1 vol.
XANROF. — **Lettres ouvertes** . . . . 1 vol.
— **Chansons ironiques**. Illustrations de Balluriau . . . . . . 1 vol.
YANN NIBOR. — **Nos Matelots**. Préface de J. Claretie. Nombreuses illustrations . . . . 1 vol.
— **Chansons et Récits de Mer**. Ouvrage couronné par l'Académie française. Ill. . . . . 1 vol.

PARIS. — IMP. E. FLAMMARION, RUE RACINE, 26.

ARMAND SILVESTRE
CONTES TRAGIQUES ET SENTIMENTAUX
PRIX 3 fr. 50
LIBRAIRIE ERNEST FLAMMARION

CONTES TRAGIQUES

ET

SENTIMENTAUX

Il a été tiré, de cet ouvrage, dix exemplaires sur papier du Japon, tous numérotés et parafés par l'Éditeur.

EN VENTE CHEZ LE MÊME ÉDITEUR

OUVRAGES D'ARMAND SILVESTRE

Collection in-18 à 3 fr. 50.

Contes irrévérencieux. Illustrations de Kauffmann. . . . . 1 vol.
Le Conte de l'Archer. Illustrations. . . . . 1 vol.
Le Célèbre Cadet-Bitard. Illustrations de Fraipont . . . . 1 vol.
Rose de Mai. Roman. 100 dessins de Courboin. . 1 vol.
Contes à la Brune. Illustrations de Kauffmann. 1 vol.
En Pleine Fantaisie. Illustrations de Beauduin. 1 vol.
Contes de Derrière les Fagots. Illustrations de Lacaille . . . . 1 vol.
Pour Faire rire. Illustrations et eau-forte de Kauffmann. . . . . 1 vol.
Histoires Belles et Honnestes. Illustrations et eau-forte de Kauffmann . . . . 1 vol.

Collection des Auteurs célèbres à 60 cent.

Histoires Joyeuses. . . . . 1 vol.
Histoires Folâtres. . . . . 1 vol.
Maïma. . . . . 1 vol.
Histoires Gaies. . . . . 1 vol.
Les Cas difficiles . . . . 1 vol.
Les Veillées galantes . . . . 1 vol.

PARIS. — IMP. E. FLAMMARION, RUE RACINE, 26.

ARMAND SILVESTRE

CONTES TRAGIQUES

ET

SENTIMENTAUX

Illustrations de Ph. Lacressonnière

PARIS

ERNEST FLAMMARION, ÉDITEUR

26, RUE RACINE, PRÈS L'ODÉON

A

GABRIEL ROUTURIER

Son Ami

A. S.

AZRAËL

CONTES TRAGIQUES

ET SENTIMENTAUX

AZRAËL

———

Écoutez palpiter doucement le flot bleu de la mer Syracusaine, sur l'or des sables séculaires dont Théocrite a noté la plainte immortelle, à l'heure où l'âme en feu des constellations transparaît, par d'innombrables déchirures, au voile sombre de la nuit, où la voie lactée met comme une poussière d'argent derrière le char tranquille de la lune, où le rendez-vous majestueux des astres s'effectue, dans l'immensité, fidèle, à travers l'infini des âges chanté par la voix des poètes. Comme au temps des impérissables idylles, le rythme des reflux semble bercer un rêve éternel, et le rivage se couvre d'ombres s'allongeant sur de muets pipeaux ou s'enlaçant de fleurs mystérieuses. Mais Simèthe n'est pas une ombre : Simèthe la magicienne dont les fureurs jalouses demeurent, au dire de Racine, le plus beau poème de l'antiquité, Simèthe qu'a trahi le Myndien Delphis que ses charmes ont vainement tenté de ramener vers sa couche, depuis ce temps, effroyable ennemie de l'homme et blasphématrice de l'amour, poursuivant, à travers les temps, l'œuvre impie de ses sortilèges, tenant l'île tout entière sous le pouvoir des maléfices, redoutable aux voyageurs attardés sur la grève, implacable aux bergers qui promènent les troupeaux et les églogues par les sentiers montueux fleuris de thym.

En un antre aux plafonds luisants de nacre sombre, dont le jour dissimule aux regards l'ouverture sous d'inextricables ronces et des épines enlacées, mais qu'un enchantement délivre de cette porte infranchissable, dès que les ombres se tendent, comme des serpents, aux rayons de la lune, elle prépare les mortels breuvages, les parfums délétères, et délie sourdement l'âme de tous les maux pour ses nocturnes vengeances. Des bêtes symboliques aux squelettes fumeux pendent au roc et des bouquets de fleurs maudites sèchent dans des crânes grimaçants. Au cri rauque de sa voix, dès que la plage est obscure, tous les méchants esprits s'éveillent, et c'est comme un bourdonnement d'ailes dans l'air, avec des craquements sinistres dans le sable et des sifflements aux branches que penchent des souffles furieux. Tout ce monde des au-delà, encore attaché à la terre, grouille autour de l'huis fatal, docile aux ordres de la sorcière. Alors Simèthe devient pareille à quelque antique sibylle que secoue le fatidique : *Ecce Deus !* Ses cheveux hérissent, comme une volée de flèches d'argent, son visage ridé, et ses yeux creux s'allument comme des braises. Ses longues dents trébuchent au vol de son haleine sifflante et de phosphorescentes lueurs courent en ses épais sourcils.

Et ses trois animaux favoris, ceux dont le souffle des trois esprits les plus méchants anime les membres redoutables, s'agitent autour d'elle, en de cruelles impatiences, anxieux des commandements qui les lanceront à travers l'épouvante du monde. L'aigle, au bec toujours sanglant, étire nerveusement ses longues ailes qui l'emporteront, à travers les nues, pour déchaîner la foudre sur les moissons ou sur les maisons en fête; le loup aux côtes montueuses, s'arc-boute sur ses pattes, les dents découvertes par un féroce rictus, pour bondir aux chevilles apeurées des moutons qu'il emportera, bêlant, à travers la plaine; le dauphin secoue joyeusement son armure squameuse et étend ses nageoires cœruléennes, n'attendant que le signal pour traverser la neige des écumes, pénétrer, sous l'eau, vers quelque barque, l'enrouler dans une trombe et joyeusement reparaître, à la surface maintenant vide, deux jets triomphants aux narines, et battant le flot de sa lourde queue.

Et ces choses se passaient — car je les traduis d'un livre fort ancien, mais d'une indéniable authenticité — fort peu de temps avant que commençât l'ère de miséricorde dans laquelle nous vivons encore, sans nous en apercevoir d'ailleurs beaucoup. Un accident arrivé au texte, dans le mémorable incendie de la bibliothèque d'Alexandrie, me permet seulement de le reconstituer, dans sa suite, sans en pouvoir faire, comme précédemment, le mot à mot, pour parler comme au collège.

Simèthe n'était pas seule dans la mystérieuse caverne où l'encens pénétrant des philtres se mêlait aux rances odeurs des momies animales et à l'haleine sauvage de ses trois compagnons vivants, l'aigle, le dauphin et le loup. Avant que le Myndien Delphis l'affolât d'une tendresse méprisée, veuve qu'elle était d'un des plus honorés citoyens de Syracuse, elle avait eu deux filles à qui sa puissance avait conservé la jeunesse, tout en maintenant, entre elles, la même distance d'âge. L'aînée, Thestylis, était demeurée le portrait vivant de Simèthe, dans l'épanouissement de sa beauté jadis vantée : grande, sous l'orgueil d'une chevelure brune, très pâle sous le double rayonnement de son regard profond, majestueuse image des Vénus *victrix*, faite pour les adorations des faibles qui, aux pieds de ces vivantes splendeurs, aiment à s'humilier dans le néant de leur être, éperdus devant l'harmonie puissante des formes et le spectre glorieux de la fatalité. Celle-ci avait partagé, tout entières, les rancunes maternelles, et Siméthe n'avait pas de plus perfide conseillère, de plus acharnée au mal de tous, que cette superbe créature qui souriait aux supplices, dansait à la plainte douloureuse des victimes, et goûtait, aux souffrances déchaînées par elle, d'indicibles, de sacrilèges voluptés. Tout concourait à l'expression tragique de son charme farouche, tout disait le mépris des coquetteries qui appellent l'amour. Les cheveux dénoués comme une Erynnie, elle semblait secouer la nuit autour d'elle et quand, du promontoire, elle contemplait quelque naufrage, ou, vers l'île tournée, quelque moisson incendiée sur laquelle courait la flamme, sa robe fouettée par le vent mettait une déchirure sinistre sur le ciel.

Non pareille, s'il en fut jamais, était la seconde fille de Simèthe, Lilia, que ni sa mère ni sa sœur n'avaient pu entraîner dans l'orbe maudit de leurs maléfices, aussi douce, dans le virginal épanouissement de ses grâces, qu'elles étaient inexorables dans la fatale évolution de leur destin; semblant faite de toutes les clartées échappées aux ténèbres de leur âme, de toutes les douceurs envolées de leur être, églantine fleurie dans ce jardin sinistre. Sa belle chevelure d'or pâle, aérienne comme la poussière du couchant, avait comme des frissons d'auréole autour de son front filial, et, un coin de ciel, par quelque matin mouillé de rosée, semblait être passé dans l'azur tendre de ses yeux. Mais son regard était plus charmant que ses yeux, comme son sourire était encore plus délicieux que sa bouche. Sa beauté était comme le rayonnement d'une bonté que tout trahissait en elle. Plus petite que sa sœur, dans une égale pureté de la race, elle incarnait une vision de la femme infiniment plus douce, et la tendresse des sages eût été tout droit à cette créature faite d'innocence et de rêve, invulnérable aux flèches empoisonnées de la Perversité.

Et ce qu'elle était au fond était meilleur encore que ce qu'elle paraissait, en cette radieuse et consolante image. Toute petite, elle s'obstinait déjà à arracher des victimes aux enchantements qui se tramaient autour d'elle. On l'avait vu s'enfuir, dans la nuit, sous l'œil attendri des étoiles, — quand Simèthe allait déchaîner le loup sanguinaire,—vers les lointains pâturages où le berger dormait, dans son manteau, ses moutons couchés autour de lui; ou encore, debout sur un bout de roche, arrêter par des signes les matelots imprudents qui approchaient la côte, au moment où le dauphin s'apprêtait à bondir dans le gouffre bleu qu'il traversait d'un tressaillement lumineux d'écailles; et courir aussi vers la montagne que les amants gravissaient les mains enlacées, comme pour monter au pays divin de leur rêve, avant que l'aigle eût ouvert ses larges ailes lassées de repos, pour aller déchaîner la foudre au-dessus de leurs têtes.

Et c'était des fureurs sans nom de Simèthe et de Thestylis, quand elle leur dérobait ainsi leur proie, si bien, que, la laissant libre tout le jour, qu'elle passait à écouter les oiseaux, à cueillir des fleurs et à regarder voler les papillons, traversant les prairies du sillon de sa robe blanche, souvent arrêtée au bord d'un ruisseau dont l'onde était pure comme son âme, dès que l'heure venait des sortilèges, les astres étant trop lointains dans le ciel sombre pour les prévenir, elles enfermaient Lilia dans quelque coin retiré de leur antre, les mains et les pieds emprisonnés de lianes, pour qu'elle ne vint pas troubler leur œuvre maudite. Et, dans cette prison, sous ces chaînes rustiques, l'enfant dormait, ayant aux lèvres, le sourire de quelque rêve très doux.

*
* *

C'était, non pas encore le matin, non pas même encore l'aurore, mais l'aube toute blanche, duvetant de neige les bords du ciel, comme s'il s'y éveillait un nid de cygnes, ensanglanté bientôt par les flèches invisibles encore du soleil; l'heure mystérieuse et très douce où s'effarouchent les ombres, où le calice des volubilis tressaille avant de s'ouvrir, où passent, sur la mer, des clartés bleues dont les rythmiques reflux semblent courir à l'horizon, au-devant du jour : le combat mystérieux où les ténèbres vaincues s'enfoncent au creux des rocs comme d'énormes serpents et roulent leur dernier torrent le long des montagnes dont les cimes seules s'éclairent, comme des seins de vierges ressuscitées et déchirant leur linceul. Simèthe et Thestylis n'avaient pas encore arrêté leur tâche mauvaise et, tout au contraire, se hâtaient, sentant s'échapper, sous leurs doigts fiévreusement actifs, comme une trame qui se dérobe à l'aiguille, l'heure des enchantements. Lilia n'était pas encore délivrée, toute blanche étendue sur sa couche, dans le beau déroulement de ses cheveux se mêlant, sur la blancheur de ses bras, à l'enlacement des lianes.

Comme les sorcières épiaient le retour du soleil, une clarté se fit précisément à l'Orient, qui leur fit pousser un cri de rage. Mais autour de cette flamme aucun rayonnement ne s'alluma, comme quand le soleil vraiment se lève, et bientôt, cette lumière se rapprochant, elles virent que c'était une barque d'or qui, rapide, fendait le flot et se dirigeait vers l'île. Simèthe et Thestylis poussèrent un cri sauvage, comme l'orfraie planant au-dessus de sa proie. Car la barque n'était pas vide, et sa route ne lui était pas tracée par une dérive. Un homme était assis au gouvernail et qui semblait commander au flot. Bientôt il leur parut que c'était du front de ce marin mystérieux que tombait la lumière d'or dont la barque était baignée.

Le dauphin monstrueux, sur un signe de Simèthe et fouetté par l'impatiente Thestylis, a plongé dans le gouffre bleu, une crête d'écume indiquant, seule, son invisible sillage. Son approche de la barque est signalée par un profond mouvement des eaux, qui se soulèvent et se ballonnent autour, cependant que l'aigle, également délivré, obscurcit le ciel au-dessus et le sillonne d'éclairs. Une vague immense soulève le fragile navire et, s'entr'ouvrant, l'étreint déjà de ses immenses déferlements. Le dauphin apparaît alors pour savourer le triomphe du maléfice. Mais le mystérieux marin, qui ne paraît rien craindre, debout à la poupe, tire, d'un invisible carquois, une flèche de flamme qui vient frapper le monstre entre les yeux. En un effroyable remous, il s'abîme, et comme une fusée de sang marque un instant sa place dans l'apaisement des flots. Et soudain la mer est redevenue calme et caressante, balançant à peine le berceau qu'elle allait broyer, et l'aigle, qui croyait sa tâche finie, ayant regagné l'île d'un coup d'aile, la même tranquillité se fit dans le ciel, qui se nacra soudain des premières couleurs rosées de l'aurore, mêlées aux vapeurs de cuivre qui couraient à l'Orient.

Et, sous un gonflement sensible à peine de sa voile, la barque cingla vers le rivage. Thestylis et Simèthe, affolées, se montrèrent l'audacieux qui la montait et qui souriait. Jeune, et coiffé d'une longue chevelure d'or, imberbe et un rayonnement étrange dans le regard, il était vêtu d'une longue robe blanche, mais d'une blancheur de lis, et dont les plis longs semblaient un glorieux enroulement de pétales. Sentant qu'elle avait affaire à un être doué, comme elle, d'un pouvoir mystérieux, Simèthe résolut d'employer la ruse. Elle rasséréna soudain son visage, et, des lèvres de Thestilis, un chant très doux, pareil à celui des sirènes, monta vers l'étranger pour lui souhaiter une perfide bienvenue. Le jour avait encore grandi et les dernières étoiles s'enfonçaient plus avant dans l'azur plus pâle, comme des flèches dont les pointes disparaissent dans une blessure. Les tons d'émeraude légèrement teintés de pourpre de l'horizon s'évanouissaient en une vapeur d'azur. L'heure des enchantements et des obscures puissances était passée. Il faudrait attendre maintenant la nuit pour frapper l'imprudent.

Et quand celui-ci eut attaché la barque d'or au rivage, le sable scintillant sous ses pas comme s'il foulait aux pieds une constellation tombée à terre, la magicienne lui fit les honneurs de ce coin de l'île où elle régnait, avec une grâce silencieusement accueillie par l'étranger. Car, sans doute, parlait-il une autre langue que la sienne, ou jugeait-il inutile de parler, aucune parole ne sortant de sa bouche et le même sourire énigmatique y laissant flotter un semblant de sa pensée. Or, pendant ce temps, une chose étrange se passait. Thestylis qui, un instant avait quitté sa mère, était revenue, mais non plus pareille à elle-même. Elle avait relevé au-dessus de sa nuque, avec quelque coquetterie, sa lourde chevelure, où une superbe fleur rouge était plantée, et de sa robe sombre, en d'harmonieuses draperies, elle avait groupé les plis épais, en découvrant, d'une part, la blancheur de ses épaules, et, de l'autre, la finesse de ses chevilles, comme si la préoccupation de plaire eut, un instant, vaincu, en elle, celle de nuire. Et sa mère l'admira pour cette ruse qui pouvait retenir, dans l'île, l'étranger jusqu'au soir, par un sentiment d'admiration et, s'il le fallait, d'amour.

Mais Simèthe se trompait. Thestylis était loyale. Elle avait obéi à un sentiment sincère et nouveau en elle. Son âme, plus encore que son image, était changée. Dans ce cœur pétri de haine, le sourire de l'étranger avait fait descendre comme une mer de trouble et d'apaisement tout ensemble. Une source mystérieuse et pleine de douloureuses caresses avait jailli dans ce roc. Elle aimait ce jeune homme à la longue robe blanche, et se débattait à peine sous la muette étreinte de cette beauté soudain révélée. Elle le voulait sauver maintenant et eût donné, pour cela, sa propre vie. Et quand Simèthe, pour laisser agir le charme nouveau, se retira à son tour, en un discours passionné, interrompu de sanglots, Thestilis dit, à leur hôte, de quels périls il était entouré, le suppliant toutefois, le sacrifice n'étant jamais complet chez la femme, de ne pas partir. Mais, sans paraître ému de son récit, il l'écouta, et ce ne fut assurément pas par terreur qu'il la suivit quand elle l'en pria doucement, et ce n'était pas parce qu'il n'avait pas compris ses paroles, son sourire et ses yeux calmes ayant répondu à toutes les choses qu'elle lui avait dites. Et tous les deux s'acheminèrent vers l'antre de la magicienne, évitant celle-ci qui méditait sa vengeance et croyait sa fille occupée de la servir. Il fallait cacher l'étranger jusqu'au soir, et, par des sentiers sous la roche qu'elle seule connaissait, elle le conduisit, le guidant par la main, mais non sans que celui-ci eût aperçu, par une ouverture dans la muraille de granit, dans son cachot mal fermé de lianes, la douce image de Lilia endormie et que sa mère et sa sœur s'étaient bien gardées de réveiller et de délivrer à l'heure accoutumée, craignant que la fantaisie ne la prît de sauver l'inconnu.

Une fois celui qu'elle aimait en sûreté, Thestylis s'agenouilla devant lui et le pria de l'attendre. Bientôt elle lui apporterait des fruits et du vin. Jusque là, il fallait qu'elle en détournât l'attention de sa mère. Mais elle n'eut pas plutôt disparu, se retournant plusieurs fois, en un délicieux mouvement de son cou souple comme une tige de fleur, que le visiteur mystérieux reprit le chemin par où elle l'avait conduit, et quand il fut à la porte de la prison où Lilia dormait, il en écarta les ronces et vint, à son tour, s'agenouiller devant la jeune fille, la contemplant dans son virginal repos, et semblant ouïr comme une musique exquise, le doux rythme de son souffle pareil à un bruit lointain de rames, celles qui l'emportaient au pays doux du Rêve. Et quand ainsi il l'eut longtemps regardée, des larmes coulant le long de son beau visage, d'une haleine de baiser seulement dont le front de l'enfant fut effleuré, il la réveilla. Un grand enchantement se peignit dans les yeux soudain ouverts de la jeune fille. Comme si elle n'eût fait que changer de chaînes, mais pour entrer des profondeurs d'un gouffre dans les délices d'un palais, également vaincue et sans révolte, comme si l'enveloppait une puissance inconnue, elle obéit au sourire toujours muet de ce mystérieux visiteur, et quand celui-ci lui montra du geste, d'un geste plein d'autorité et de tendresse, le chemin qu'ils devaient prendre, par delà la côte, puis par delà la mer, elle sentit ses pas dociles l'emporter et ferma les yeux pour que ce songe nouveau y restât enfermé, plus doux cent fois que celui dont la berçait l'ancien sommeil.

Elle ne sut rien davantage, et, quand ses paupières enfin se dessillèrent, sur ses yeux clairs, comme un ruisseau dont le printemps a fondu la glace, elle se retrouva dans la campagne, celui qui l'accompagnait marchant tout près d'elle, et la prenant dans ses bras quand quelque pierre se dressait, coupante, sur leur chemin. Tout le jour avait passé, sans qu'elle en eût conscience, dans ce mystérieux voyage. Aux premiers feux du soir ils virent un grand feu sur la côte. C'était Siméthe et Thestylis, furieuses, mais non pour deux raisons pareilles, qui tentaient d'incendier la barque. Mais la barque était d'or, et tout au plus se fondit-elle en un énorme lingot qui roulait des veines de pourpre dans sa masse aux jaunes brunis. Et la clameur furieuse des deux femmes emplissait la plage, plus stridente celle de Siméthe, celle de Thestylis plus douloureuse.

*
* *

Comme elles étaient certaines que les fugitifs n'avaient pu regagner la mer, elles déchaînèrent le loup monstrueux dans la plaine, qu'il traversa d'horribles bonds, avec des claquements de dents affamées qui couchèrent

les troupeaux apeurés sous un indicible effarement. Mais ce n'était pas à la chair stupide des moutons que s'acharnaient les bonds de l'animal furieux. Même ne se détournait-il pas quand quelque berger surpris — telle une hirondelle rasant la terre avant l'orage — s'enfuyait sous l'aile sombre de son manteau balayant le sol... Il cherchait, dans la nuit, les deux formes blanches qui se rapprochaient au bruit sinistre de ses aboiements. Car Lilia tremblait de peur, et il semblait que son supplice fût doux à son compagnon, pour ce qu'il lui valait une étreinte plus proche de la jeune fille qui se serrait contre lui, caressant son visage du frôlement parfumé de ses cheveux. Cependant, un déchirement de la nue laissa passer un long rayonnement de lune qui, circulairement, étendit à terre une nappe blanche, traversant dans l'espace un vol de phalènes effarées dont les ailes se veloutaient d'argent. Pour le coup, le loup voyait distinctement sa double proie, et deux pointes de braise s'allumèrent dans ses yeux, cependant que sa geule s'ouvrait large sur la pourpre de sa langue fumante. Mais avant qu'il ait eu le temps de se détendre comme un arc, sur ses jarrets ployés, l'homme s'était retourné, avait tiré, de l'invisible carquois qui laissait libres ses épaules, une seconde flèche de feu, et le loup roulait déjà, une fusée de sang au poitrail, les pattes raidies, convulsé dans l'herbe qui semblait lécher avidement sa blessure où la flèche tremblait encore. Et ce fut comme une grande allégresse qui traversa la plaine, les troupeaux s'arrêtant dans leur course, sous le large baiser de la lumière, et les bergers, redressés sur leurs longs bâtons, joignant leurs mains en une action de grâce qui secouait doucement leurs lèvres dans la blancheur de leur barbe. Puis tous s'élancèrent vers leur libérateur, voulant baiser ses mains victorieuses et les plis blancs de la robe de Lilia, penchée comme une longue fleur sur l'épaule de son ami, une fleur dont le premier soleil n'aurait pas encore bu toutes les larmes.

Mais son sauveur lui montra du geste la montagne, tout en faisant aux bergers un geste d'adieu qui, en même temps, leur défendait de les suivre. Et tous les deux commencèrent de gravir les hautes collines d'où l'on dominait la mer d'un bleu sombre, où couraient des scintillements d'étoiles, un point rouge indiquant seulement, sur le rivage, le bûcher que les sorcières avaient allumé. L'herbe, toute mouillée des premières fraîcheurs de la nuit, était, sous leurs pieds brûlants, comme un tapis délicieux, et l'arome vivant des plantes sauvages mettait dans leurs poitrines, un très doux enivrement. Bientôt ils virent à leurs pieds, dans la stellaire clarté qui baignait l'espace, le sommeil de Syracuse, d'où montait une rumeur s'éteignant comme celle de la mer quand s'éloignent les reflux. Et Lilia tenait presque embrassé, dans l'innocent élan de sa reconnaissance, le mystérieux inconnu dont le sourire lui semblait plus lumineux que celui des étoiles, quand au-dessus de leurs têtes, passa comme le sifflement d'une lourde flèche, cependant qu'à leurs pieds, sur le sol éclairé par la lune, se dessinait l'ombre circonflexe de l'aigle maudit, que Simèthe et Thestylis avaient lancé vers les cimes, en même temps qu'un cri rauque déchirait l'air. Et, de l'horizon, une cavalcade de nuées sombres semblait s'élancer déjà, une grande lueur ayant passer au zénith, quand le chasseur invincible, d'une troisième flèche, traversa d'un sillon de feu l'oiseau qui tomba les ailes toutes grandes ouvertes, lesquelles battirent un instant le roc, puis demeurèrent immobiles.

Et comme un des nuages déchaînés arrivait, le premier, tout près d'eux, mais déjà frangé d'argent par le réveil des astres un moment plongés dans l'ombre, saisissant Lilia dont un rêve éperdu fermait les yeux dans ses bras, sur le nuage, comme sur un cheval tout à coup dompté, l'inconnu sauta et mit en croupe derrière lui la jeune fille, puis éperonnant cette monture inattendue, plus haut que les montagnes il emporta l'enfant par les espaces lumineux où flottait le voile d'argent des voies lactées. C'était à l'heure où resplendit, dans tout son éclat et toute sa grâce, la splendeur embrasée des constellations qui ferment les déchirures du ciel, gardiennes des portes sacrées autrefois ouvertes, sœurs de l'ange au glaive de flammes que mit la colère divine au seuil des Paradis défendus.

Et à chacune, le cavalier du nuage, attirant Lilia sur sa poitrine, demanda de lui livrer passage. Mais toutes alléguèrent l'ordre inflexible de Dieu et la loi éternelle des mondes, Ixions attachés à d'invisibles roues, dont le lumineux supplice fait, depuis l'origine des âges, rêver les pasteurs et les prêtres. Plus haut que la sphère des constellations, le firmament semblant reculer toujours, ils montèrent encore jusqu'à ce que le ciel ne fût plus, au-dessus d'eux, que comme un immense bouclier de lapis-lazuli, une gemme monstrueuse contre laquelle leur vol se serait brisé.

Alors l'archange Azraël — car c'était lui, et le plus puissant des archanges — pour la dernière fois, fouillant dans son carquois invisible, en tira une dernière flèche et la plongea dans cet azur inflexible qui se fendit en une blessure d'or s'élargissant jusqu'à ce qu'ils puissent y passer tous les deux, cependant qu'un hymme triomphal chantait déjà pour eux, aux pieds mêmes du trône de Dieu, toutes les harpes des séraphins exhalant, dans une vibration sublime, le nom mystérieux d'Azraël. Et l'archange avait déjà revêtu sa robe de clarté et repris ses grandes ailes de lumière, présentant au Seigneur tout-puissant l'innocence rachetée.

Mais la blessure ouverte au ciel ne devait plus se refermer.

Une étoile de plus brillait au firmament, sous les yeux surpris des nécromans de Chaldée. Et voici qu'à la lueur de cette étoile nouvelle, les bergers amis de Lilia qui leur avait laissé un peu de son âme, s'acheminèrent, par une route mystérieuse, vers le berceau d'un Dieu qui venait de naître, d'un Dieu tout de pitié, d'espérance et d'amour.

Le premier Noël se levait sur la terre, salué par l'écho précurseur des cloches joyeuses tintinnabulant dans l'air, et, seules, dans un coin maudit de l'île d'où, par un sortilège, elles avaient chassé l'âme des anciens dieux, Simèthe et Thestylis, le crime et la beauté maudits, invisibles à tous, dans leur antre profond, se lamentent encore au lever de la lune, et c'est pourquoi les matelots ont comme un vague effroi de cette mer souriante qui borde la Sicile et berça les idylles du doux poète syracusain.

HÉLÈNE

HÉLÈNE

Hier, en rentrant de ma promenade dominicale le long du fleuve, depuis quelques jours torrentiel, et roulant des ondes limoneuses autour des îles à demi-submergées, j'ai prolongé ma sortie d'un tour dans mon jardin où les premiers bourgeons poussent leurs pointes d'émeraude tendre, sur le sable aux craquements humides encore, entre les bordures sauvages des allées et les grands rosiers droits aux tiges noires et luisantes où s'effilent encore, aux cimes, les brins de paille protecteurs contre la gelée dont on vient de les décoiffer à peine. Oh! ces jardins d'hiver, quelle mélancolie! Et, au revers d'une plate-bande, dans un bouquet d'herbes inutiles, sous leur feuillée large et rampante, j'ai cueilli deux violettes, les premières de l'année, deux violettes très pâles, à peines ouvertes — non pas telles que mes glorieuses violettes de Toulouse, charnues comme des lèvres — mais un double frisson de couleur à peine dans un souffle de parfum qui, de près même, semble lointain. Je ne coupe jamais les fleurs à l'ordinaire, à moins qu'une femme me le demande; car toutes mes pitiés se brisent à ma faiblesse devant la beauté. Mais il me semblait que celles-ci fussent destinées, les pauvrettes, dans leur isolement précoce, aux flèches de givre de quelque nuit plus froide, lesquelles eussent percé leurs cœurs embaumés, et, les rapportant pieusement dans mon cabinet de travail, je penchai leurs têtes mignonnes au bord d'un verre plein d'eau, où elles semblaient

regarder comme des vierges accoudées à une fenêtre, et posai le tout sur ma table, dans la lumière, grise avec une buée rose, du jour déclinant.

Qui dira la chaîne mystérieuse dont nos impressions se relient? Nous sommes, dans la vie, comme des mouches prises à une toile invisible, et chacun de nos mouvements en resserre la trame pour nous emprisonner plus étoitement encore, éveille des vibrations dont les ondes se croisent, suivant des lois inconnues, dans toute la longueur des fils du despotique tissu que fit sur notre chemin, embûche éternelle, la main arachnéenne des Destinées. C'est sans doute pour avoir regardé ces deux violettes trop longtemps, une fois posées dans le cristal où se rafraîchissait leur tige, que j'ai rêvé — mal endormi cependant — à Hélène, toute cette nuit.

Celle qui portait le nom de l'amante de Pâris, bien qu'elle ne fût fille de roi, était cependant de la même famille, et il n'a tenu qu'à un caprice des fatalités et des âges, qu'elle ne fît brûler quelque Illion. Elle avait, en effet, la beauté sphyngienne, le regard tout ensemble caressant et dominateur, le sourire à la fois impitoyable et charmeur de celles qui mettent le désespoir au cœur des hommes et la flamme aux murailles des cités. Pour elle j'aurais, non pas seulement cueilli les fleurettes du chemin, mais fauché les lys sublimes, eux-mêmes, devant qui je voudrais m'agenouiller. Nulle ne m'a donné jamais, autant que cette simple fille d'auberge, l'impression de la Vénus Vixtrix devant qui la conscience elle-même abjure, toutes les fois s'éteignent comme des flambeaux inutiles dans l'éblouissement d'une surhumaine clarté. Vous me direz que j'avais vingt ans. Mais j'en ai rencontré beaucoup plus tard depuis, lointainement de cette même race, qui, d'une fantaisie, nous feraient parjures et assassins.

L'hôtellerie où je la rencontrai — telle Frédégonde, sa sœur très aînée aux temps mérovingiens — était la plus riante du monde, dans ce pays landais où la fleur du sang latin semble s'être encore affinée en une perfection définitive de contours, sur les bords de l'Adour où, par les soirs d'été, en d'idylliques villages, les belles filles descendent nues, entre les saulaies, comme les compagnes de Nausicaa, pays aux sauvageries charmantes encore en ce temps-là. Elle était brune, comme il convient, avec un type de visage d'une régularité parfaite, les lèvres un peu minces, mais sans sécheresse, — un étroit ruban de velours rouge se déchirant sur un frisson de blancheur nacrée, — le nez descendant du front sans ondulation à peine et bordé de petites narines frémissantes comme les ailes d'un papillon rose, le menton légèrement césarien et dominant un cou qu'encadrait, par deux fois le collier de Vénus, une nuque ambrée où foisonnait l'ombre en un léger moutonnement, les épaules s'épanouissant largement comme deux vagues, qui se séparent sous une crête d'écume; et la noblesse sculpturale de tout le reste de sa personne se devinait sous le mensonge du vêtement, se trahissait à la finesse aristocratique des pieds et des mains, enveloppait d'un souvenir olympien cette créature si peu faite pour sa vulgaire condition, et dont la place eût bien mieux été dans le lit d'un roi que sous ce toit rustiquement ensoleillé, aux indigences consolées de clématites, temple ironiquement décrié d'une telle déesse où les hymnes glorieux, que comportait une telle merveille, étaient remplacés par les jurons des rouliers.

Mais ce qui faisait sa physionomie étrange, parmi celles de tant d'autres filles de même origine et réalisant, à fort peu près, les mêmes éléments de beauté réelle, c'est la couleur de ses yeux pareils à deux larges violettes où la rosée n'avait jamais pleuré. Car leur éclat n'avait pas celui que laissent les larmes, et, dans la gaieté ou dans la colère, les deux fleurs prenaient des duretés d'améthyste, les perfides transparences des cruelles pierreries. A l'ordinaire, l'expression de ces yeux étonnants était troublante, mais non menaçante, et volontiers reflétait-elle, comme dans une eau très limpide, le sourire énigmatique de la bouche. Telle Hélène passait, à travers la maison très achalandée de voyageurs de commerce, de hobereaux en course, de fonctionnaires de passage, comme je l'étais alors, de paysans cossus étant venus vendre leurs denrées, tous gens dont les familiarités impertinentes glissaient sur sa fierté comme sur une cuirasse, mais me mettaient des révoltes épouvantables au cœur. Car il me semblait que tout cela fût la profanation de la seule idole que j'eusse jamais servie. Arrivé là depuis deux jours, j'avais voulu déjà plusieurs fois me fâcher pour l'en défendre. Mais elle m'avait prié assez sèchement de n'en rien faire et de ne pas mécontenter la clientèle pour si peu.

Je ne puis dire qu'elle me témoignât aucune sympathie particulière. Mais il est certain cependant, qu'avec son instinct féminin, elle sentait, en moi, un sentiment d'admiration et de piété pour elle dont elle n'était pas attendrie, mais flattée. Il ne m'étonnerait pas cependant qu'il y eût un peu de commisération vague dans la bonne volonté évidente qu'elle mettait à se trouver quelquefois seule avec moi, à me laisser la contempler en silence, à deviner les mots que je n'osais pas lui dire et qui me brûlaient les lèvres. Le charme s'appesantissait, sur moi, comme un joug, m'agenouillant maintenant de son poids, me rendant également impossible l'audace et la fuite, m'immobilisant dans un de ces anéantissements très doux qui nous montrent combien l'amour est le meilleur chemin vers la Mort. Il y avait maintenant quinze jours que j'étais là, dans ce poste où j'aurais dû avoir pour trois jours de travail à peine, ne me sentant plus la force de partir, bornant l'horizon de mes rêves et de mes projets à la poignée de main qu'elle me donnerait le matin et à l'effleurement de lèvres dans ses cheveux qu'elle me permettait le soir. La voir, la voir passer seulement dans l'orgueil violé de sa beauté de reine, entendre le bruit de ses pas dans l'escalier qui montait à ma chambre, écouter la chanson basque qui passait quelquefois sur ses lèvres, entrevoir son ombre de ma fenêtre, parmi celles de ses compagnes, à travers le rideau des saules qui protégeait les baignades au clair de lune où le clapotement joyeux de l'eau sur toutes ces jeunes chairs était traversé de rires éclatants — il ne me semblait plus que ma vie pût être faite désormais d'autre chose. Je méditais tout le jour les discours dont j'espérais l'attendrir, à la vespréc, et qui, toujours, demeuraient pendus à ma bouche : je ne projetais rien moins que de tout quitter pour elle et de faire mourir, comme il convient, de chagrin, les parents que j'adorais, en abandonnant carrière, avenir, tout le fruit de leur peine, pour devenir là cabaretier avec elle, s'il l'eût fallu. Et dire que c'est un bonheur que les chers vieux ne soient plus là, tant je me semble encore capable de telles folies sous cet effroyable pouvoir de la beauté ! Le sentiment du ridicule même n'en aurait pas plus raison que la plus vulgaire humanité.

Hélène me rendit un fier service en me traitant avec une cruauté d'ailleurs imméritée. Ce soir-là, j'avais rassemblé tout mon courage, comme un cheval trop longtemps rétif. Mon audace fut payée d'un de ces flamboiements de gemme qui s'allumaient quelquefois aux violettes de ses yeux, et un sourire de mépris dont ses lèvres furent arquées s'y refléta comme un éclair. *Incessu patuit Dea.* L'âme de déesse qui était en elle se révolta d'un hommage dépassant la simple admiration. La pureté de sa race protesta en elle contre le métis que je suis. Je partis le lendemain, la tête vide, comme si un coup de massue m'eût secoué toutes les idées...

Et, cette nuit, parce que ces fleurs m'avaient rappelé ses yeux, certainement je la revis et je me retrouvai amoureux d'elle comme jadis. Nos rêves sont plus fidèles que nous-mêmes. Elle était devenue plus douce qu'autrefois ; longtemps elle me laissa, sans me railler, agenouillé devant elle, les lèvres posées sur ses mains. Et, ce matin, réveillé, quand je me remis au travail, ses yeux me regardaient certainement encore plus souriants et très doux, dans le petit calice frémissant des deux violettes.

Mais qui dira les bornes de ce monde invisible dont nous vivons enveloppés et hantés ? Le tissu serré de cette toile dont l'Inconnu nous secoue captifs et épouvantés ! Je viens de rencontrer, tout à l'heure, à trois heures, sur le boulevard, mon ami Horace, qui est justement de ce pays-là et qui connaît mon aventure dont j'aimais à lui parler longuement autrefois. Il arrive des Landes et nous venions de nous serrer les mains à peine, qu'il me dit : — Te rappelles-tu toujours Hélène? — La fille de l'aubergiste? certes! — Eh bien! la pauvre fille est morte dimanche.

Et, plus ému que je ne voulais paraître, je pensai au doux regard des violettes cueillies hier et contemplées encore ce matin, à la caresse si tendre de ces yeux de fleurs pareils aux siens! Et je me dis que les amoureuses qui nous ont dédaignés ici-bas nous seront peut-être plus clémentes dans la mort, ce qui consolerait bien de mourir!

ALONZIO

ALONZIO

C'est une tradition de nos salons annuels que toujours une jalousie féminine, ou quelque autre fantaisie passionnelle, y détériore un tableau ou une statue. Chaque exposition a son petit drame invariablement commenté par la malice publique. Ce n'est pas moi qu'intéresse le secret de ces vengeances iconoclastes. J'y vois seulement la preuve du rôle, volontairement obscur souvent, que la femme joue dans la production des artistes et, malgré moi, je m'intéresse à ceux qui lui donnent la plus grande place. Tel demeure fidèle au même type et tente de le consacrer, pour la postérité, en un hommage dont le choix et la constance me semblent également flatteurs pour celle qui en est l'objet. Hamon n'a jamais peint qu'un même visage de femme. Je pourrais citer un peintre exquis du Champ de Mars dont on en peut dire autant. Il y a quelque chose de très noble et de très touchant dans cette continuité d'adoration qui ferait croire, chez quelques élus, à d'immortelles tendresses.

Jamais je n'en ai eu l'impression davantage et n'en ai été plus ému qu'en visitant cette merveille qu'est la cathédrale de Sainte-Cécile, à Albi.

C'est, à vrai dire, avec la cité de Carcassonne, l'honneur de cette méridionale contrée que domine Toulouse du haut de la tour de Saint-Sernin. Imaginez, vue à distance, une citadelle. Tout autour plane encore l'horreur des guerres religieuses où les prêtres priaient derrière des remparts, mariant les *benedicat vos* aux coups de mitraille, quant l'orthodoxie se fortifiait en d'inexpugnables enceintes, préparant contre l'hérésie les sanguinaires revanches de la Foi. Simon de Montfort a dû s'agenouiller souvent dans cette église, faisant sonner sur les dalles le poids de son armure. Dans l'admirable paysage du Tarn, au-dessus de la ville aux toits moutonnants et l'escaladant dans la grande lumière des jours d'été qui l'enveloppe comme d'une poussière d'or, l'énorme masse de pierre semble une arche échouée, un bloc de granit roulé par des géants, menaçant encore, et quand abordée de plus près, après avoir longé les jardins majestueux de l'archevêché, on la regarde du vieux pont dont sept siècles ont usé, sans l'abaisser, l'échine, à l'heure où le soleil met un incendie dans le fleuve où d'abjectes masures mouillent leurs pieds noircis, où viennent aboutir, tortueuses et embuées de suie, les rues décriées, l'impression est plus profonde encore de ce débris monstrueux et auguste à la fois des âges héroïques et odieux tout ensemble, où le sang même n'allourdissait pas les ailes du rêve effroyable et sublime dont l'Humanité tentait encore l'au-delà.

Mais quelle surprise, une fois les hautes murailles trouées de créneaux contournées, les contreforts dessinant, sur le chemin, des ombres polygonales et, sous la grimace des machicoulis, on arrive devant le porche marmoréen, délicieusement ouvragé de la cathédrale d'architecture inattendue et, pour ainsi parler, romantique avant le temps, surprise qui se continue et s'accroît quand, cette merveille franchie, on se trouve dans la nef immense, d'un travail sculptural abondant en chefs-d'œuvre, entre les chapelles peintes à la fresque, ce qui est infiniment rare dans nos églises de France. C'est au XIVe siècle que des artistes italiens, qui s'étaient exilés pour cette tâche, accomplirent cette décoration d'une inépuisable fantaisie, hiéroglyphique par endroits, où les regrets de la Patrie, la gaieté du ciel languedocien, le caprice naturel à une race particulièrement inventive en art, s'affirmèrent, sans doute, suivant le génie particulier à chacun. On y trouve des caricatures, celles sans doute de ceux qui, dans leur pays,

avaient opprimé ces proscrits; des visages de saints en extase, probablement les patrons vénérés de là-bas ; des fleurs de toutes sortes, celles qui rappelaient, à ces absents du sol natal, celles qui poussaient autour de la maison paternelle; des scènes intimes, quelquefois même à l'excès; des coins de paysage, reproduits vraisemblablement par le souvenir. On sent, à chaque instant, que cette petite colonie d'ouvriers habiles avait laissé là-bas, en tentant de le rappeler en de mensongères visions, le meilleur de son âme.

Il faudrait des années d'études pour pénétrer, même imparfaitement, dans ce dédale de pensées exprimées par le dessin et par la couleur, en une langue toute plastique et qui n'est pas la nôtre, par des hommes ayant gardé le souci d'un foyer dont la flamme, de loin, les éclairait, seule, encore. Mais, entre toutes ces chapelles, d'une ornementation si différente, où des existences entières d'artistes obscurs se sont épuisées, où se sont entassées d'anonymes trouvailles, où s'est dépensé tant de génie obscur, il en est une qui me retint plus despotiquement qu'aucune autre devant ses murailles et dont la fresque cependant monotone, m'est demeurée dans les yeux en ses moindres détails. La tradition a gardé le nom d'Alonzio, son auteur, non pas le plus imaginatif, mais certainement le plus obstiné de ces émigrants du pinceau. En une infinité de losanges juxtaposés, la muraille est divisée, et dans chacun de ces losanges, deux lettres sont enlacées, un R et un L, les deux initiales du même nom, en une série d'arrangements tous différents les uns des autres, où le regard doit s'arrêter quelque temps pour retrouver ce double et identique motif à l'arrangement de lignes et aux reliefs de la couleur. R ! L ! les deux lettres qui commençaient le nom et le prénom d'une femme certainement aimée et absente, tout un roman d'amour désespéré se venant exprimer en ces deux signes toujours roulants dans le regard et dans l'esprit, dans le cœur et dans la mémoire, comme ces fleurs tombées dans l'eau, qu'un remous fait tournoyer sur place, dans son entonnoir d'argent. Et si vous tentiez de compter combien de fois se posa le problème de les marier harmonieusement, en une image qui les poétisât à jamais, en une vision de beauté qui intéressât à eux, vous vous diriez que cet homme, venu assurément jeune en France, avait dû mourir très vieux, avant d'arriver au bout de sa tâche, ou du moins si près, qu'il ait pu chanter à la mort, le *Nunc dimittis, Domine, servum tuum...*

Et, malgré moi, je me retrace, avec admiration, cette vie du plus admirable amant qui ait jamais été peut-être ; je me passionne pour l'état d'âme sublime, jusqu'à l'invraisemblance, de cet Alonzio à qui suffisaient, pour se souvenir, non pas une image, non pas une fleur donnée, non pas une boucle de cheveux ayant gardé le parfum de l'adorée, non pas une lettre cent fois relue, toutes ces reliques qui nous prolongent la torture délicieuse de souffrir pour une femme, mais deux caractères indifférents, en apparence, dans la banalité des alphabets, les deux lettres qui commençaient son nom! Et, cette douceur de les retracer sur la muraille insensible ne lui remplissant pas le cœur, c'est son génie d'artiste qu'il prodiguait pour les revêtir de beauté, comme on enferme un rien dans le plus précieux des coffrets quand il nous vient d'une tendresse encore vivante en nous. Non, je ne sais rien de plus touchant que cet homme suspendant, en ex-voto, tous les lambeaux de son cœur et tous les rêves de son esprit, aux pierres d'une église pour immortaliser le miracle qui lui mit au cœur cet océan d'amour. Il semble que ce soit, par quelque caprice également sublime, qu'autrefois, l'âme blessée d'un Dieu ait attaché, une à une, aux voûtes du ciel, les étoiles, gouttes de sang tombées de sa blessure d'or.

Et, encore, quand, entre deux voyages dans mon cher pays toulousain, dont j'élargis volontiers les frontières jusqu'à ces merveilles ambiantes, je revois — en une de ces rêveries qu'inspire la fumée bleue d'une cigarette tout à coup brûlante entre les doigts — l'admirable cathédrale, j'y promène, devant moi, le spectre de cet Alonzio dont les traits me semblent connus, comme ceux d'un ancien compagnon dans quelque antérieure vie. Car, moi aussi, longtemps et comme les bergers de Théocrite, dans l'écorce des hêtres, j'ai gravé le même nom, du bout du même couteau, au plus saignant de mon cœur. Je me sens fraternel étrangement à ce mystérieux ami dont le pinceau glisse lentement sur la pierre enduite de ciment, en une caresse qui met en même temps, à ses lèvres muettes, d'inutiles baisers. Je le revois, vous dis-je, sans l'avoir vu jamais, dans sa longue robe à l'italienne ressemblant au froc d'un moine, encapuchonné de près comme le Dante, les yeux perdus dans l'infini, patrie de tous les désespérés et de tous les fidèles, mais les doigts obstinés à sa tâche, cherchant une combinaison nouvelle des deux lettres auxquelles pendait sa vie.

Certes, il mourut vieux, pour avoir travaillé si longtemps. Pas assez vieux pourtant, puisque la dernière des cases, qui eût achevé de couvrir d'un dessin la muraille de la chapelle, est demeurée vide, avec quelques traits seulement indiquant l'ébauche pressentie de la pensée. Vous ne sauriez croire comme ce néant relatif d'une petite partie de la paroi, si dévotement décorée, est triste. Or, la dernière fois que je vis la chapelle, — c'était, s'il vous plaît, en octobre dernier, — par le vitrail tout découpé de petites bandes de plomb, comme le sont les vitraux gothiques, le soleil, oblique déjà, le soleil automnal qui se hâte, frileux, vers la pourpre pâlissante de son lit, venait s'abattre précisément, ainsi déchiqueté au passage, sur l'angle du mur où était le petit panneau inachevé, emportant, avec soi, un peu de la couleur du vitrail. Est-ce une illusion venant de l'état de mon esprit, où bien une réalité dont le hasard seul peut être responsable ? — Mais, dans les traits ainsi dessinés sur la surface vide par ces petites ombres, avec un flamboyement à demi éteint de tons ensoleillés vaguement encore, je distinguais très bien un R et un L, les deux lettres qui s'enlaçaient partout, autour, en des arrangements volontaires. Et j'en fus, à la fois très troublé et comme un peu consolé de ma tristesse. Il serait si doux de penser que quelquefois la pitié inconsciente des choses achève, après nous, un peu de ce que nous avons rêvé !

DIANA

DIANA

I

Dans ce salon de Grandbourg, que le besoin de compagnie d'une grande dame, autrefois très fêtée et vieillie, emplissait tout l'été, d'un monde visiblement correcte, insuffisamment connu d'ailleurs et vaguement parasitaire, Mlle Diana de Mérange promenait le mystère de sa beauté froide, de sa réserve méditative et d'une grâce dédaigneuse qui n'était pas son moindre charme. Grande, plus élancée que je ne les aime, elle portait les glorieux stigmates de la race à son front un peu bas d'où jaillissait une chevelure très sombre, à son nez droit aux narines frémissantes comme les ailes d'une libellule rose, à ses lèvres à peine charnues, au retroussis hautain, à son menton petit et césarien; de même aristocratie d'ailleurs, dans toute sa personne, qu'on y admirât la finesse des attaches, l'ivoirine longueur des doigts fuselés, la hauteur de la cheville et la cambrure du pied, tout cela enveloppé d'une instinctive majesté dans le moindre geste et dans la démarche. De ce qui apparaît ordinairement de l'âme, dans le regard et dans le sourire, on ne devinait rien vraiment, ni dans la transparence céruléenne des prunelles profondément constellées, ni dans l'énigmatique expression de la bouche que le baiser n'avait pas pétrie à la bonté. Rien ne semblait plus égal que le rythme de sa belle poitrine, moins sonore jamais que les battements de son cœur, plus rare qu'un alanguissement de tendresse dans le flot lent de sa pensée. Elle avait dépassé certainement vingt-deux ans et jamais on n'avait entendu dire qu'elle eût été demandée en mariage. Orpheline, comme apparentage on la savait nièce d'un chanoine de Notre-Dame, que la maîtresse de la maison avait eu longtemps pour directeur. Cela suffisait pour qu'on s'aventurât peu à rien insinuer de méchant

sur elle, tout ce qui touchait à l'Église étant sacré dans cette gentilhommière où pas mal d'hypocrisies intéressées se trouvaient vraisemblablement mal à l'aise, mais faisaient bonne figure à ces exigences de l'hospitalité.

Sans être positivement sauvage, sans la moindre velléité apparente de poésie ou d'instinct romanesque, Mlle Diana de Mérange quittait volontiers le salon où le commandant de Trécœur, la douairière des Ursins et le curé de Ris-Orangis faisaient le whist de la châtelaine, pour aller respirer sur la terrasse la tiédeur embaumée qui montait du grand jardin, tandis qu'une tiédeur vague descendait à ses épaules, oblique et emportée par le vent, des hauts tilleuls en quinquonce, prolongeant et flanquant le bâtiment principal de deux ailes de verdure, — la Seine couchant une nappe d'argent au bas de la propriété, avec une déchirure, au milieu, faite par le profil d'une rocaille artificielle, dans le mauvais goût de la fin du siècle dernier. Quelquefois sans s'éloigner, descendait-elle quelques marches et suivait-elle, dans un sens ou dans l'autre, d'un pas très lent, l'allée qui passait au pied du perron, bordée de géraniums et ourlant de sable fin la longue pelouse qui descendait, onduleuse sous la lune. Rarement regardait-elle les étoiles, et sa rêverie semblait-elle excéder le bien-être intérieur d'une paresse ayant mille enchantements naturels pour complices.

C'est dans une de ces promenades sans but, dans le sillage de lumière que répandaient, autour de la maison, les bougies vaguement vacillantes par les croisées ouvertes, qu'Alexis Montvel, en vacances de sa troisième année de droit, l'avait contemplée longuement, sous l'apothéotique rayonnement de sa propre pensée, divinisée par les ferveurs que lui-même portait en lui, en cette soirée particulièrement belle et pleine de parfums, qui commença son martyre et le fit chancelant, comme un homme ivre, quand, à l'heure des bonsoirs, à la porte du grand salon, elle lui tendit, comme d'ailleurs à tout le monde, la main. Inoubliable soirée que suivit une nuit de rêves éperdus, de sanglots mordus par les lèvres au passage, d'aspirations folles où le souffle s'arrêtait, de battements où le cœur heurtait la poitrine comme une tête de bélier, nuit atroce et délicieuse tout ensemble, et impatiente d'une aurore qui, moins que le soleil et moins rapidement surtout, rendrait la beauté de Diana à l'enchantement de ses yeux.

II

Merveilleusement discrète, admirablement timide fut la cour qu'il commença de lui faire, le lendemain, n'osant être suppliant, même, que quand elle seule le regardait. Ce fut la période des niaiseries délicieuses, des enfantillages exquis où le bout d'un gant touché, le moindre pétale d'une fleur tombée d'un corsage, un grain de sable qu'a fendu un pied adoré, un brin de mousse que des doigts paresseux ont déchiré au coin d'un banc de pierre, deviennent un trésor et bien vite emplissent un reliquaire. Mlle Diana s'apercevait-elle des ivresses de collectionneur qui se levaient ainsi sur chacun de ses pas? Au moins, n'en laissait-elle rien voir, pas même l'ironie d'un sourire de pitié bienveillante et, de cette indifférence obstinée, le paradoxal Alexis n'allait-il pas jusqu'à concevoir une immense espérance? Il était impossible qu'elle ne vît pas toutes ces menues folies, et puisqu'elle ne s'en était pas fâchée, c'est qu'elle consentait certainement à être aimée. Et, pour le présent, il ne lui en demandait pas davantage. Son cœur était trop plein de sa propre ivresse pour qu'un bonheur, venant de son amour, même invraisemblablement partagé, pût y trouver une place. Il en étouffait, de cette joie confiante dans l'avenir dont son imagination complaisante faisait, seule, encore les frais. Que la faveur des sens et sa jeunesse robuste vinrent donc le tirer à propos de cette ridicule béatitude! Enfin il se mit à souffrir, à désirer, à vouloir. Une bête assoiffée de baisers et de caresses se réveillait en lui, emplissant ses nuits de fauves insomnies et d'obscurs rugissements de la chair. Mais quand il se retrouvait devant elle, à la clarté du grand jour, face à face avec l'idole, ses genoux flageolaient, ses lèvres tremblaient et cette honte de soi-même, laquelle est le plus grand témoignage de l'amour, l'étreignait comme une trop étroite armure où se débattaient ses révoltes inutiles et lassées.

Quant à elle, elle ne semblait ni l'éviter, ni le rechercher. Elle causait, avec lui, le plus naturellement du monde, et quand il commença de lui dire des choses certainement passionnées, relatives à sa torture, elle ne parut pas s'en émouvoir d'avantage que s'il lui avait parlé de la pluie et du beau temps. Mais jamais elle ne le pria de se taire, ce qui lui parut un muet encouragement et comme un assentiment lointain à ses immédiates espérances.

Or, ce soir-là, il lui en avait dit bien plus encore qu'à l'ordinaire. A vrai dire, il ne lui avait plus rien caché de ses vœux et de son désespoir. Il avait précisé les premiers, en la suppliant de lui donner un rendez-vous tout à l'heure, quand, une à une, les bougies auraient éclairé, en tous sens, les fenêtres de l'escalier et des longs couloirs, comme des étoiles qui émigrent, le grand salon désert étant seul rentré dans l'ombre. Comme toujours, elle ne répondit rien et se retira sans affectation aucune d'empressement ou de colère. Alors, sans oser la suivre, il acharna ses regards sur elle, fit, sans bruit quelque chemin dans le sens où elle s'en était allée, dans un coin du salon, près d'une console que l'abat-jour d'une seule lumière découpait en lune sur le dessus. Convaincu qu'elle se sentait épiée et agissait pour lui, il la vit avec enchantement, prenant grand soin qu'aucun autre ne la vit, écrire quelques lignes rapidement sur un petit morceau de papier qu'elle chiffonna en une minuscule boulette posée ensuite au coin du marbre de la console, dans la partie non éclairée. Et il lui parut absolument, quand elle s'éloigna ensuite, qu'elle avait regardé dans sa direction comme pour bien s'assurer que ce petit manège ne lui avait pas échappé. Pendant qu'elle gagnait la terrasse éblouissante de rayonnements stellaires, il se précipita vers la console, prit la précieuse petite lettre. Il était temps! Car, la partie de wisth subitement terminée, le commandant de Trécœur s'était brusquement levé et avait été justement de ce côté, passant la main sur le marbre du meuble... Aurait-il vu? Mais non! il tournait précisément le dos tout à l'heure et ne faisait face à aucune glace. Pendant les sempiternels bonsoirs, Alexis isola une bougie, déplia le papier et lut. C'était bien un rendez-vous pour tout à l'heure. Et quel rendez-vous! Dans le lieu le plus solitaire et le plus charmant du parc. Il avait été compris. Il était aimé! Il faillit devenir fou de joie.

III

Oui, vraiment, le plus délicieux coin du parc, près d'une source qui chantait dans la mousse, sous des lilas défleuris mais que la voix du rossignol emplissait d'une plaînte délicieusement amoureuse, avec, plus loin, un parterre de giroflées au velours parfumé. Un banc large au dessus de pierre derrière lequel un terme souriait sous des moustaches de lychen; et plus haut, la solennité d'une nuit faite pour les amours infinies, le ciel n'étant qu'un immense autel de saphir dans un éblouissement de cierges allumés pour des noces éternelles, un autel resplendissant de fleurs d'or dont les marches semblaient attendre, à l'horizon, les pas des fiancés élus pour de telles hyménées. Et rôdant comme un jeune loup sous les feuillages impercepti-

blement frémissants, il la vit s'avancer vers ce lieu de délices, les cheveux à demi dénoués déjà, dans un déshabillé à l'antique particulièrement seyant à sa sculpturale beauté. Et quand elle se fut assise sur le banc au grand dossier de pierre, il s'approcha doucement, avec, aux lèvres, des supplications qui mouraient déjà en baisers. Mais, quand au bruit, si légers qu'il fût, de ses pas sur le sable, elle leva les yeux, comme secouée par un ressort, elle bondit, et, pâle de fureur, sous la lune, comme une morte :

— Misérable ! lui dit-elle ! Lâche ! vous avez osé me suivre ! Lâche ! lâche !

Et elle crispait ses poignets en les ramenant sur sa bouche. La vérité horrible apparut à Alexis dans un éblouissement. Le billet n'était pas pour lui. Elle ne se croyait nullement observée par lui quand elle l'avait écrit. Tout ce faux manège d'amoureuse rouée qui avait été si flatteur à sa tendresse n'était qu'une illusion, une folie de fatuité. Oui ! elle attendait là quelqu'un, mais c'était un autre.

Pendant que ce monde s'écroulait en lui, l'écrasant sous les décombres de son rêve, elle avait disparu.

Alors, sur le large banc, tout seul, il s'effondra lui-même et se mit à pleurer bien longtemps sous les étoiles, — plaint du rossignol et de la source qui pleuraient avec lui.

Quand, — l'aube mettant déjà une buée d'argent aux choses, — il écarta ses doigts mouillés, et se leva pour sortir du taillis, il se heurta dans l'allée à un promeneur furieux qui le traita de bélître, et le lendemain, le commandant de Trécœur lui logea galamment une balle dans le bras droit.

LE BAISER DE PIERRE

LE BAISER DE PIERRE

Mon cœur venait de se briser une fois encore, à la tristesse des adieux; une fois de plus, j'étais déchu des rêves des amours éternelles. Celle-là, cependant, je croyais bien l'aimer toujours, d'autant que toujours se fait de moins en moins long, à mesure qu'on avance dans la vie. Toutes mes expériences passées touchant l'inanité de nos tendresses s'oubliaient dans ce sentiment vague qu'elle m'était donnée par je ne sais quelle pitié du Destin. Plus belle que toutes les autres, de la Beauté précisément que j'ai toujours adorée, réalisant ma compréhension absolue de la splendeur chez la Femme, incarnant, en elle, pour ainsi parler, toutes les réalités plastiques dont j'avais toujours été supérieurement épris, il me semblait juste que ma fidélité à un type invariable fût récompensée, en elle, que ma longue foi me valût, sur cette terre, un avant-goût du Paradis.

Quand elle m'était apparue dans le rayonnement sombre de sa chevelure noire, dans la pureté latine de ses traits, dans la blancheur mate et légèrement ambrée de son teint, les lèvres frissonnantes comme les ailes de pourpre d'un bengali, grande et de majestueuse allure, avec des mains effilées où la race était écrite dans un marbre à peine veiné de bleu, c'était comme un Dieu dont tout mon être avait chanté la venue en des hosannas éperdus. L'idée qu'elle me put être autre chose qu'un objet d'adoration infinie eût tout d'abord fait éclater mon cerveau. Et quand elle s'humanisa sensiblement, en de muets encouragements que je n'osais même comprendre, oui, ce que je pensai fut bien que j'allais toucher le prix de ma religion païenne par le fait de quelque justice toujours immanente, laquelle a sa clémence comme ses rigueurs. Le ciel le veut! Comment croire que le ciel eut, comme nous, ses caprices!

Et maintenant, moins d'un an après cette extase, et d'un an que l'absence avait presque rempli, mais une absence qui ne me laissait pas sans espoir, c'était bien fini. Les lettres autrefois échangées s'étaient, d'un commun et loyal accord, rencontrées au même foyer, flambant, puis abîmées dans le même tas de cendre. Pour la dernière fois, la porte s'était refermée sur la chambre si délicieusement adultère où tant d'inutiles coquetteries avaient été réunies pour de si rares rendez-vous, où l'on s'était si souvent attendus, en pensant l'un à l'autre, et le cœur battant au moindre bruit de pas. Il l'avait fallu ainsi, non que la lassitude ait eu le temps de nous venir, mais parce que les amours plus hautes et plus fortes que la Fatalité ne sont plus de notre temps, et que nous avons peur aujourd'hui des héroïsmes qui nous viennent au cœur. La résignation impitoyable et sublime à la douleur des autres, l'égoïsme farouche qui ne mesure pas ses coups, nous manquent quand nous aimons. Enfin, nous nous étions dit adieu, bien adieu pour jamais, et j'étais anéanti.

Paris ne m'était plus supportable — je parle d'un temps où ma vie était d'une autre intensité passionnelle — et je me souvins que j'avais, dans le Berry, des amis, de ceux qu'il faut pour le recueillement après de telles tempêtes, calmes et discrets, affectueux et très doux, bien du même sang que George Sand qui m'avait, vingt ans plus tôt, si noblement réconforté contre mon premier désespoir d'amour, en ce doux Nohant qui m'était un asile et dont je me promettais bien, au retour de ce voyage hâtif, de venir saluer les ombrages toujours pareils, et qui maintenant versent leur paix sur une tombe. Mais ma première étape était à Bourges, où je devais passer une partie de la journée avant d'aller gagner la campagne où les hôtes que je m'étais choisis attendaient si peu mon arrivée !

Mais le temps n'est jamais long à Bourges.

Me voilà déjà sur la montée de la cathédrale, au pied de ce grand jaillissement de pierre

qui vous enlève — telle une source éternellement bondissante — dans une atmosphère d'impressions despotiques bien faites pour l'oubli de toutes choses, jusqu'aux crêtes de granit où tourbillonnent le vol des corneilles, en attendant la volée des cloches qui les éparpille dans le vent. Que de fois nous sommes-nous dit, Baffier, le bon tailleur de pierres, et moi, que la vie d'un homme ne suffirait pas à mesurer, dans l'ampleur décorative de son ensemble, et à étudier, dans l'intimité de son détail, cette merveille séculaire d'un art anonyme et croyant, cette œuvre à laquelle tant de génie obscur et tant d'existences sacrifiées se sont noblement épuisés, en un temps où la Foi ne demandait pas son salaire à la gloire! Aux seuls poèmes sculptés dans la profondeur du grand portail, on trouverait à lire et à apprendre durant des années. Et c'est sur ces admirables manuscrits que mes yeux, encore lourds de larmes, s'arrêtèrent, en cette heure de solitude, où je cherchais à fuir ma propre pensée.

Il pouvait être trois heures, par un temps gris d'hiver, comme celui de ces derniers jours, sans brouillard cependant et donnant des choses une vision très nette, un peu froide et coupante même, comme si les arêtes des choses portaient un épiderme de givre. Un grand silence tout autour, les voitures ne roulant que plus bas dans la ville, et la bise qui soufflait aux coins de la place trop petite faisant rares les autres visiteurs. Et machinalement d'abord, puis intéressé lentement, je regardai cette théorie tragique de damnés qui constitue un de ces monstrueux épisodes auxquels l'art gothique, tout ému de religieuse terreur, s'est complu; sous le trident implacablement levé des démons aux figures grimaçantes, en une grappe douloureuse et vivante qui saigne déjà sous un invisible pressoir, guirlande funèbre de suppliciés et dont les fleurs déchirées sont d'humaine chair comme la nôtre, ils se tordaient devant moi, sous l'enlacement de la torture commune, tous ceux qui avaient méconnu la loi du Dieu de miséricorde et, au mépris de toute vraie justice, payaient les fautes du temps en monnaie d'éternité, rois orgueilleux aux couronnes édentées, avares aux sacs d'or crevant sur leurs genoux, goinfres aux ventres pendant sur les cuisses comme des outres, blasphémateurs aux bouches crispées par la colère, voluptueux sous le brocart en lambeaux des habits de fête, et ceux qui s'étaient aimés dans l'amour éperdu des luxures sensuelles, dans l'exaspération des caresses interdites, troupe grossière et de laquelle, mêlés aux hurlements de douleur, devaient monter, en-dessous, des cris rauques de hyènes et des grognements de pourceaux... Et, dans cette foule abjecte de réprouvés, que les diables lardaient de leur lance au triple fer, deux visages m'apparurent que ne contractaient ni la douleur ni l'effroi, de tranquillité presque mystique dans ce déchaînement d'imprécations et de prières, d'expression douce et comme résignée dans ce chœur grimaçant et hurlant. Ces deux têtes, l'une vers l'autre tendues, cherchaient visiblement à unir leurs lèvres, et c'était certainement celles d'amants dont le supplice, plus raffiné et plus cruel encore, consistait à se sentir si près sans que leurs bouches se puissent mêler, damnés de l'amour entre qui le déchirement de la pierre creusait un immobile abîme, Tantales d'une soif plus rude encore que celle à qui l'eau de l'oasis apporte sa tardive fraîcheur, la soif du baiser ! Et ma mélancolie se fit si véhémentement fraternelle à ces infortunés indifférents à la torture commune, élus d'une souffrance plus haute dans ce torrent de vulgaires douleurs, que longtemps mes yeux demeurèrent sur le couple de granit qui tentait éperdument, dans l'impassibilité de la matière, son impossible caresse.

Je redescendis à l'hôtel m'assurer de l'heure du départ, et, quand je fus certain qu'elle était encore relativement lointaine, je montai dans ma chambre pour écrire. J'avais juré cependant que plus jamais un mot de moi ne tenterait de franchir le seuil à jamais interdit, puisqu'on m'avait demandé comme une pitié, presque flatteuse pour moi, de ne pas troubler l'œuvre patient et consolateur de l'oubli. A quoi bon, n'est-ce pas ? Il y a des gens qui se demandent encore à quoi ça les conduira d'aimer ! Mon Dieu, à aimer, tout simplement, Madame, c'est-à-dire à souffrir, ce qui vaut encore mieux qu'oublier. Certes, j'avais le cœur plein de mon sujet, et cependant les mots ne couraient pas sous ma plume avec l'impétuosité accoutumée, comme si les baisers montant en foule sur mes lèvres leur donnaient des ailes au passage. La vision de pierre passait entre mes yeux et le papier, celle des deux damnés d'amour qui s'acharnaient à leur désir de se boire, l'un à l'autre, l'haleine, et dont la sculpture impitoyable, interprétée d'un impitoyable Dieu, avait empêché les coupes vivantes de jamais confondre leur ivresse en se touchant. Puis, graduellement, plus chichement filtré par la transparence douteuse des rideaux, le jour commença à baisser dans la pièce étroite que meublait presque en entier un lit à ramages pâlis. Je me souvins de mon serment devant mon épître inachevée et, comme les autres qu'on m'avait rendues, j'en fis une courte flamme dans la cheminée où elle flotta ensuite par instant, chiffon de suie impalpable où mon écriture traçait de petits hiéroglyphes incandescents, des pattes de mouche rouges.

Et, comme la voiture était encore inattelée dans la cour de l'hôtel, d'une enjambée, pris d'une mystérieuse envie de revoir, je regagnai l'huis monumental de la cathédrale, à travers les rues dont la mélancolie du soir aggravait encore l'ordinaire tristesse. Mais sur la petite place qui fait, à la majestueuse église, un seuil si insuffisant, le jour que n'emprisonnait plus l'ombre dentelée des maisons arrivait encore par une large éclaircie du ciel, le couchant n'étant point brumeux, mais au contraire traversé d'une lumière rose, comme il arrive souvent en hiver, à cette heure, le ton de turquoise pâle du firmament mourant en vapeur de pourpre à l'horizon.

Une sorte de rayon de soleil perdu, comme il s'en échappe du carquois de l'Archer, entre deux nuées, quand son char a déjà disparu, un rayon non pas doré, mais violet, comme s'il avait traversé le cœur d'une hyacinthe, venait mourir sur le portail à un angle, et justement au point où, tout de suite, mes yeux avaient couru, celui où les deux amants désespérés tendaient inutilement, l'un vers l'autre, leurs bouches. O miracle tout matériel, mais qui ne m'en mit pas moins un frisson aux moelles! Ce petit arc d'améthyste pâle rejoignait leurs lèvres, cependant qu'au-dessus d'eux, la nuit avait déjà pris, dans l'ombre saillante de la pierre, le trident levé du démon maintenant disparu. Ils l'avaient enfin ce baiser dans un sourire même du ciel, dans un sourire qui était plus qu'un pardon! Qui sait! Après ce long supplice d'amour dans l'enfer, qu'est la vie, c'est peut-être quand le soir vient seulement et quand la nuit se fait proche que se mêlent, en une clarté mélancolique de pierrerie, les lèvres qui, longtemps, ont attendu le même baiser.

BELLONE

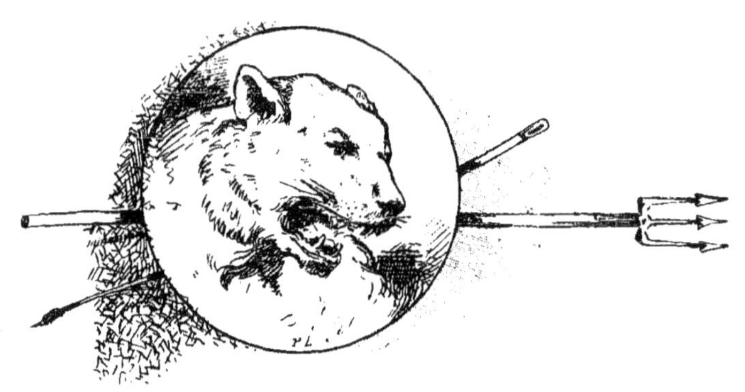

BELLONE

De toutes les bêtes de la ménagerie Claudius, Bellone, la lionne, était certainement celle qu'il avait cravachée le plus souvent. Bien qu'elle n'eût guère plus d'un an, quand il l'avait reçue, — car M. Claudius, comme Bidel d'ailleurs qui avait été son maître, dédaignait les bêtes originellement domestiquées et comptant, dans leurs ascendants, plusieurs quartiers de captivité, et c'est de Marseille que lui arrivaient, sauvages encore et pleins de rancune, les animaux qu'il consentait à dompter. — Jamais Bellone ne s'était prêtée aux avilissements d'une éducation parfaite ; il avait toujours fallu la rouer de coups pour lui faire sauter la barrière et traverser les cerceaux enflammés, et ce n'est qu'après de véritables batailles, sous les dents de la fourche, qu'un instant seulement elle était demeurée accrochée aux barreaux, debout, le ventre au public, et la tête convulsée dans une façon de ricanement terrible, battant rageusement le plancher de sa lourde queue. A cette indocilité près, c'était une bête admirable, d'un poil fauve ardent, majestueusement féline, tout à fait sculpturale et sphyngienne, au mufle large et roux, aux yeux profondément étoilés comme l'eau des citernes par les belles nuits. Et la grande mélancolie du désert était dans le rêve où elle se réfugiait dès que son bourreau la laissait tranquille, les pattes allongées et croisées au bout comme pour une vague prière, les flancs rhytmiques et ondulants comme s'il y passait un tressaillement des flux et reflux d'une mer lointaine. Les valets du belluaire la jugeaient sournoise et ne manquaient jamais, en la servant, de lui allonger quelque méchant coup de trique, sous la grille, bien lâchement. Mais elle refusait de gronder pour cette canaille et de s'irriter contre ce stupide bâton. Et les bélitres en étaient vexés et ne la détestaient que davantage.

Elle était exempte, d'ailleurs, des gloutonneries bruyantes de ses commensaux ordinaires, et c'est d'une griffe très lente qu'elle arrachait, au bout de la pique, les quartiers de chair saignante qu'elle déchirait ensuite longuement et d'un croc distrait.

Or, il y avait trois mois que M. Claudius avait épousé la jolie Américaine, Lélie Dickson, jusque-là écuyère au cirque Marion, qui exploitait, aux mêmes époques, les mêmes solennités foraines que la ménagerie, quand il vint s'établir sur les allées Lafayette, à Toulouse, pour les kermesses d'automne, parmi les bateleurs et les lutteurs qui s'y donnent, tous les ans, fidèlement rendez-vous. Car il n'est ville, au monde, meilleure que celle-ci pour les artistes forains, et la délicieuse badauderie des habitants leur y assure une clientèle sans cesse renouvelée. Demandez plutôt à la belle Corysandre, en son pourpoint de velours noir, et au lutteur Mange-Matin en son caleçon bleu. Ah! les belles soirées d'octobre, dans la large avenue moins poudreuse qu'en été, avec un petit cliquetis de feuilles sèches déjà dans les branches des platanes, parmi les sourires clairs des belles filles brunes et les chansons des beaux gars qui les embrassent, sous le ciel d'un bleu profond, où les constellations semblent plus lointaines encore, les poumons caressés par ce souffle de Bohême et les oreilles emplies de ce brouhaha des parades où les cymbales éternuent, où la grosse caisse mugit, où le flageolet s'essouffle, où le trombone s'étire en déchirant l'air autour de lui!

Blonde comme il convient, la jolie Américaine Lélie Dickson, devenue Mme Claudius, d'un blond d'épis dorés à peine, visiblement vigoureuse dans l'élégance de sa toilette, avec des yeux bleus couleur d'innocence sans être innocents, une bouche petite et qu'un sourire égal entr'ouvrait volontiers sur la blancheur moirée des dents. M. Claudius en était fort amoureux et ce n'avait pas été sans résistance qu'il avait consenti à associer cette belle créature à ses dangereux travaux. C'est encore, d'ailleurs, par une tendresse un peu jalouse qu'il avait cédé à cette fantaisie. Rien n'est plus dangereux à l'honneur d'un homme bien épris qu'une femme inoccupée. Avec de grandes précautions, il avait donc présenté sa jeune épouse à ses différents pensionnaires, et, progressivement, il avait habitué ceux-ci à lui obéir comme à lui-même, voir à regimber en apparence, et, sans colère réelle, quand la jolie main gantée de la dompteuse abattait la cravache sur leur nez grimaçant. Comme toujours, Bellone avait été la plus récalcitrante à cette domination nouvelle. Elle recevait ces caresses, sans lancer la patte en avant et sans friser les lèvres sur ses crocs, comme ses camarades, mais en jetant sur Lélie des regards où passaient des éclairs. Aussi, M. Claudius ne laissait-il pénétrer sa femme dans la cage de la lionne qu'en se tenant lui-même, une barre de fer pesante à la main, dans la petite cage à double porte, où les dompteurs se réfugient à reculons, quand ils ont terminé leurs exercices. Il avait, d'ailleurs, appris à Mme Claudius le maniement du revolver, en cas d'alerte. Mais celle-ci ne jugeait pas toutes ces précautions nécessaires. Très intrépide de tempérament, elle avait, en outre, conscience d'une beauté faite pour en imposer à tous les êtres. Elle avait pris goût au métier et devenait, de jour en jour, plus audacieuse, si bien que le public s'était vraiment épris d'elle, et que toutes ses séances de domptage se terminaient par des ovations. M. Claudius était, à la fois, heureux et malheureux de ce succès. Le cabot, qui est en nous tous, en souffrait bien un peu, malgré que l'orgueil du mari y trouvât bien son compte, sans préjudice de la douce avarice satisfaite par une augmentation considérable des recettes. Mon Dieu! que la moindre chose intéresse donc, en nous, de nobles sentiments!

Le temps avait été orageux toute la journée et les bêtes en étaient sensiblement énervées. Le vacarme des curieux, à l'heure de la représentation, les avait agacées encore plus que de coutume. Elles se promenaient, vite obligées de se retourner dans l'étroitesse des cages, avec quelque chose d'impatient et de fébrile, écrasant de temps en temps leurs têtes velues aux barreaux, comme pour y goûter, sur le front, la fraîcheur du métal ou dans l'espoir fou de faire enfin, dans leur prison, une trouée. Jamais le public n'avait été, d'ailleurs, plus nombreux, à la fois hâbleur et enthousiaste, bruyant en diable, un public bien méridional que tout un jour de soleil avait empli de gaieté, les crânes se craquelant imperceptiblement, sous ces ondées de chaleur, en mille sentiers par où filtrait la fantaisie. M. Claudius venait d'effectuer, avec sa maestria ordinaire, la série de travaux annoncés au programme. Dans la gueule ouverte du lion Néro, il avait enfoncé sa tête crépue, abusant de l'horreur qu'ont, comme nous, ces animaux pour les aliments recouverts de cheveux; sur le tigre royal Tamerlan, il s'était étendu comme sur un tapis vivant, ramenant sur sa poitrine, comme on fait d'une couverture, les pattes lourdes et bien armées de l'animal; il avait fait faire l'exercice, avec son propre bâton, à l'ours blanc Mirkoff dodelinant dans l'épaisseur flottante de sa toison aux moires de neige; comme le colosse de Rhodes, il s'était posé, les jambes écartées, sur deux hyènes dont ses bottes faisaient crier les côtes; enfin, il avait administré à Bellone, indifférente, d'ailleurs, une raclée de coups de cravache drue comme une pluie d'orage. Tout cela avait été fort applaudi du populaire, et les belles filles, aux chevelures noires, ne marchandaient pas les éloges à son intrépidité, faisant enrager leurs galants par toutes les choses flatteuses qu'elles disaient de lui.

C'était au tour de Mme Claudius maintenant. Jamais elle n'avait été si jolie ni de grâce mieux apprêtée dans son élégant costume à brandebourgs, et les galants, à leur tour, en la regardant, faisaient enrager les belles filles aux chevelures brunes. Le lion Néro, le tigre royal Tamerlan et l'ours blanc Mirkoff lui-même furent, avec elle, pleins de convenance et même de galanterie. Elle donna à Mirkoff un petit morceau de sucre que celui-ci mit sur son cœur, au lieu de l'engloutir brutalement dans un craquement de mâchoire. Le tour de Bellone était venu. M. Claudius était posté dans l'antichambre de fer que j'ai dit, sa femme étant entrée seule dans la cage. Sans

changer de place, la lionne la fixa longuement. Mme Claudius fit le tour de la cage sans la quitter, non plus, des yeux et s'arrêta dans l'angle à gauche des spectateurs. Alors, la lionne recula lentement à l'angle opposé en diagonale, celui où était adossée la double porte. En vain, Mme Claudius lui tendit la barrière et le cerceau, l'objurgant de la voix et faisant siffler sa cravache. La bête restait impassible, la regardant toujours et s'allongeant doucement sur ses pattes, comme pour en tendre le ressort. Elle avait calculé la distance et allait bondir. Son échine se tendait en arc et sa queue, droite, était pleine de frémissement. M. Claudius vit le danger. — A toi! tire! cria-t-il à sa femme d'une voix étranglée par l'angoisse. En même temps, lui-même bondissait dans la cage, sa barre de fer levée pour se mettre entre sa femme et la lionne.

Mme Claudius dégagea vivement son revolver et fit feu, la main crispée, tremblante, et semant au hasard les balles. Un cri de terreur parcourut la salle. La cage était pleine de fumée. Un courant d'air balayant la tente subitement éventrée par les pesées de la foule affolée, la dissipa brusquement et l'on vit ce spectacle : M. Claudius, qu'une balle tirée par sa femme avait atteint en plein cœur, couché à terre dans une mare de sang ; Mme Claudius, encore terrifiée, toujours debout dans le même coin de la cage, mais, avec, dans les yeux, la joie féroce du péril détourné et de la vie sauve ; et, à terre, étendue le long du cadavre du belluaire, Bellone, qu'aucun coup n'avait atteinte. Craintive, la lionne léchait doucement la blessure du belluaire, et une larme — une vraie larme — roulait dans ses grands yeux d'or.

LE PÉCHÉ DE LA ROSE

LE PÉCHÉ DE LA ROSE

A Jean Rivière.

C'est un sot orgueil, à nous autres hommes, de croire que Dieu ne s'est occupé que de nous, ne s'est complu qu'à l'épanouissement de nos mérites et n'a souffert que pour racheter nos crimes, comme nous l'enseigne notre sainte religion. C'est aussi un criminel orgueil, en ce qu'il nous rend impitoyables pour les choses de la nature, et même pour les êtres souffrants qui nous semblent n'avoir été créés que pour nous.

Or, l'autre jour, à la petite aube, et je ne sais vraiment pourquoi, j'avais ouvert le coffret précieusement fermé, où sont enfouis tous mes souvenirs de tendresse. Parmi les riens jadis tant couverts de baisers et devenus, pour la plupart, anonymes pour moi, dans le fratras de ces reliques ridicules et douces, beaucoup de bouquets flétris et de fleurs mortes avaient semé leurs pétales desséchés, cassants et striés de petites déchirures, insensibles ainsi que des lambeaux de parchemin; et, une insensible buée de larmes ayant à moitié clos mes yeux, à travers les milliers de petits prismes qui reliaient mes cils, comme autant de minuscules microscopes infiniment délicats, voici que je distinguai, dans ces innombrables dessins faits par les cassures des feuilles, pareils à des hiéroglyphes, de véritables caractères, une évidente et mystérieuse écriture, se suivant, sur les pétales d'une même fleur, comme un conte sur les pages d'un livre. Et, voici qu'un assoupissement léger m'étant venu, bienfaisante lassitude de nos rapides tristesses, un rêve délia mon esprit, au point que ce mystérieux langage me devint accessible et que je déchiffrai, sans effort, ce grimoire. Car c'est une faculté du rêve de nous apprendre, non pas l'avenir, comme le croient les superstitieux, mais tout ce que nous ne savons pas, nous emplissant soudain d'une science quasi-divine, parce qu'il ouvre à notre âme une fenêtre sur l'infini.

Oui, ces débris de fleurs étaient les feuillets d'un livre, les pages d'une bible antérieure à nos livres saints, et j'en pus lire couramment tout un chapitre sur une corolle, demeurée encore dans sa forme première, et que j'effeuillai avec une respecteuse émotion. C'est comme un échantillon de la littérature des au-delà que je traduis ici, pour vous, de mon mieux, en ayant gardé, au réveil, les moindres mots dans ma mémoire.

« En ce temps-là, et bien avant que Dieu eût égaré un peu de son souffle dans la boue dont il devait pétrir le corps d'Adam, le Paradis était déjà un immense et délicieux jardin plein de fleurs admirables et d'animaux innocents, emplissant l'air, celles-ci de parfums et ceux-là d'harmonieuses chansons. Car tout était mélodie, en ce séjour, jusqu'au moindre battement d ailes, et le ciel, toujours bleu, ne faisait descendre, dans le miroir nonchalant des sources, que de riantes images, celles-ci penchant des calices sur l'onde, celles-là la traversant comme d'un vol de libellules. Une à une, et de ses augustes mains, — car celui-là peut prendre son temps dont l'éternité mesure l'âge, — Dieu avait modelé toutes les fleurs qui font encore les délices attendries de nos yeux et devant lesquelles s'agenouille la piété du poete. Dans le frisson neigeux de la première Aube, il avait caressé l'orgueil des grands lys pareils à des calices; dans les vapeurs tendres qui suivirent le premier couchant, il assembla et pétrit le cœur des violettes; à l'aile multicolore du premier arc-en-ciel, il avait volé les poussières délicates qui font ressembler les anémones à d'immobiles papillons; il avait moulé sur une étoile la chair pulpeuse des narcisses; il avait figé, en grappe, les gouttelettes innombrables d'une odorante rosée aux branches alourdies des lilas; il avait ouvert l'œil bleu des myosotis en plein azur matinal et rayonnant. Enfin, par un mystérieux caprice, il avait coloré, d'une goutte de son propre sang, le calice triomphant de la rose.

« Et celle-ci était ainsi devenue une fleur sacrée, entre toutes les fleurs, la reine de cet empire parfumé, dominant de sa splendeur tant de merveilles subitement humiliées, si bien que les autres fleurs se tendaient vers elle comme des esclaves soumises, cependant que les grands arbres eux-mêmes s'inclinaient autour d'elle, mettant dans l'air, avec la caresse de leur ombre, le frisson de leurs lourdes têtes chevelues. Et c'était comme un agenouillement de cette édénique nature dont tous les souffles roulaient des cinnames et des encens au pied de ce chef-d'œuvre du grand ouvrier des mondes, et ce n'était plus qu'un éternel cantique, une litanie sans fin à ses perfections qui montait, de tous les êtres, vers la fleur, que l'âme des rythmes balançait doucement sous la pluie d'or des étoiles.

« Et la rose était, à la fois, orgueilleuse et charmée de tant d'hommages qu'elle trouvait d'ailleurs la chose la plus naturelle du monde, un ruisseau qui coulait non loin lui ayant permis de se juger elle-même, en y souriant à son image. Car ses pétales avaient le duveté exquis des lèvres et s'ouvraient sur des gouttelettes de rosée, en tout pareilles à de petites dents.

« Or, il advint que Dieu lui-même, dont le cœur est jeune éternellement, s'éprit de son propre ouvrage et devint comme amoureux de cette fleur en qui revivait, dans la sève, un peu de sa divinité ; cessant de se complaire à guider le char des astres qui connaissaient, d'ailleurs, leur immuable chemin, détournant ses regards du livre où lui-même avait écrit la loi qui règle les saisons et le laissant imparfait, ce qui explique les intempéries dont le monde souffre quelquefois, devenu indifférent à l'enchantement de toutes ses autres fantaisies d'artiste souverain, et demeurant, sans elles, en contemplation mélancolique devant la rose. Car, pour tout puissant qu'il fût, il était timide comme tous ceux qui sont réellement épris. Et sa pose était plutôt celle d'un suppliant que d'un maître, et les moin-

dres gouttes de joie — que la rose se tournât vers lui, avec une sorte de regard plus doux — emplissaient son cœur comme une immense mer. Et quand la Nuit aux mains d'ombre pleines d'étoiles, faisait sa semaille d'or dans les paradisiaques jardins, que la rose, comme voilée, s'enfermait plus étroitement sous ses rideaux de pourpre très pâle, on eût dit que Dieu devenait plus tremblant encore, et ce fut d'une de ses larmes que la lune roula dans le ciel.

« Et la rose n'en semblait nullement attendrie. Ce n'était pas que Dieu lui déplût précisément, mais elle lui trouvait la barbe un peu longue et blanche, — il était déjà vieux, n'ayant jamais commencé, — et ce n'était pas, en sa vénérable personne, que se réalisait son rêve de fleur triomphalement vierge et glorieusement immaculée. Et Dieu lui dit, un jour, avec un sanglot dans la voix dont le firmament tout entier fut ému : — Je sais que tu ne m'aimeras jamais. Mais, si je ne deviens pas ton époux, à la face de l'Éternité, je demeure ton Dieu et te défends d'aimer.

« Et, pour s'arracher à la chère image dont la torture s'obstinait en lui, Dieu, cette nuit-là, reprit les rênes des constellations lancées dans l'espace, et les fouetta si fort, à tort et à travers, comme un cocher ivre, que quelques-unes s'escaladèrent en une effroyable chevauchée et que son propre char se brisa en une poussière d'argent qui flotte encore dans l'étendue et que les ignorants appellent : voie lactée. Mais de cette fureur inutilement déchaînée, il ne sentit que s'accroître son deuil et, quand il eut ramené, au seuil déjà vermeil de l'Orient, les astres écumants — car, c'est de cette écume encore quelquefois floconneuse dans l'étendue, que furent faites les nuées — il se laissa tomber lui-même sur les gradins du ciel, la poitrine toute gonflée de son désespoir d'amour, enveloppant, de ses mains toutes puissantes, la majesté de son front.

« Puis, il se leva, midi criblant déjà l'Infini de ses flèches, et celles-ci semblant enfoncer dans son auguste chair, plus profondément encore, l'inoubliable angoisse de sa blessure. Ainsi, lui, le dominateur de toutes les forces, mû par une force mystérieuse, écrasant sur son passage toutes les fleurs dont sa main jadis avait caressé les calices, et son esprit rêvé les formes délicieuses, il s'en vint où la rose étincelait en pleine lumière sur sa tige royale comme un sceptre, dans sa pourpre pâle et surnaturelle.

« Un papillon la couvrait à demi du battement de ses ailes larges et veloutées, et la fleur, comme pâmée, rendait au superbe insecte son baiser.

« Et, d'un souffle, Dieu fit choir, sur le gazon, le corps tremblant du papillon dépouillé de ses ailes ; — puis, arrachant la rose à sa tige, il en déchiqueta les pétales, avec ses ongles, en mille brins longs et flottants, comme ceux d'une étoffe dépenaillée. Puis, il les hérissa autour du cœur de la fleur en mille flèches âpres au toucher, changeant son parfum divin en une odeur sauvage, salissant de tons indécis leur belle pourpre profanée ; puis il la jeta, comme une aumône, dans la robe sombre de l'Automne, qui passait par là pour aller faire son pèlerinage sur la terre.... »

Ici s'arrêtait le manuscrit végétal. Je m'étais réveillé de mon léger engourdissement, et, pour m'en remettre tout à fait, avant de commencer ce conte, je descendis dans mon jardin tout étincelant de gelée blanche, encore l'esprit tout occupé de ce songe instructif et singulier.

Un chrysanthème, le premier, d'un jaune mélancolique et douteux, au calice déchiqueté, frappa mes regards. Tout aux pieds, un ver serpentait dans les feuilles mortes, et je reconnus, en eux, les deux proscrits.

CAÏN

CAÏN

A Mariquita.

Le conte, que vous allez lire, a le mérite, rare chez les miens, d'être inspiré par un fait très récent, et je l'ai choisi parce qu'il me donne l'occasion de dire un peu de bien d'amis au sujet desquels il court, par le monde, infiniment de sottises.

C'est les acrobates, ne vous en déplaise. Vous les avez entendu, comme moi, dès votre enfance fleurie, traiter de fainéants par les bureaucrates de votre famille, en remarquant avec une ironie précoce que l'usage du trapèze est infiniment plus malaisé à apprendre et plus dangereux à exercer que celui du rond-de-cuir. Puis, dans votre adolescence studieuse, on vous a appris que c'était en rouant de coups les enfants qu'ils les rendaient souples et adroits, et vous avez pensé, avec une mélancolie hâtive, qu'on vous aurait infiniment moins embêtés en vous apprenant de jolis tours que le rudiment. Enfin, dans votre maturité peu observatrice, on vous en a parlé rarement, autrement que comme d'une bohême d'ivrognes et de débauchés.

Quiconque est de sang latin ne peut se défendre cependant d'admirer ces derniers petits-fils des dieux et de leur savoir gré de la notion qu'ils nous gardent du corps humain, dans sa souplesse native et dans son originelle robustesse, au milieu des outres, des poussahs, des monstres qu'en a tirés la vie civilisée. Ceux qui s'obstinent au culte des formes et suivent ces travaux avec quelque intérêt — j'entends ceux des acrobates — ont remarqué que leur art — un art véritable, s'il vous plaît, puisqu'il atteint à la Beauté, dans son expression purement plastique, —

a été constamment en progressant, ce qui le différencie de bien des autres. Enfin, ceux qu'un préjugé stupide n'a pas retenus de les étudier de près, dans leur vie familière, ont tous appris que la vie de ces souches d'hercules et de trapézistes était tout à fait patriarcale et édifiante. Ils ont eu la surprise d'y trouver quelquefois des gens lettrés, instruits et d'excellentes façons, comme étaient les frères Price, dont mon maître, Théodore de Banville, prisait fort la compagnie. Mais, toujours, ils y ont rencontré l'exercice des deux vertus qui manquent généralement le plus aux autres hommes : la sobriété et la chasteté.

Oui. C'est comme ça. Ces fainéants répètent toute la journée leurs exercices; ces ivrognes ne boivent que de l'eau ; ces débauchés, inexorablement mariés, sont sages même avec leurs femmes. De ces deux dernières choses, il ne se faut pas étonner. Elles sont peut-être moins un hommage à la morale qu'un sacrifice à l'instinct de la conservation. Les exercices qu'exécutent ensemble, généralement, les acrobates contemporains demandent une précision mathématique telle dans les mouvements et dans les rencontres, que la moindre improvisation, dans cette horlogerie humaine, pourrait coûter la vie à quelqu'un des exécutants. Ceux-ci ne les doivent aborder qu'à l'abri de toute nervosité, qu'en un état de possession supérieure d'eux-mêmes, incompatible avec les plus légères excitations de l'alcool, avec l'alanguissement que laissent en nous, longtemps encore, les joies divines de l'amour. Il faut entendre ces Tantales décrire leur vertueux supplice! Il y a là des ménages jeunes et charmants qui ne se peuvent que bien rarement témoigner leur tendresse. J'ajouterai que les femmes appartenant toujours aux mêmes traditions (puisque les acrobates se marient toujours entre eux), n'en sont pas moins fidèles.

Allons, c'est un petit monde qui vaut bien celui des boursiers.

Harris Bob, directeur de la petite troupe à laquelle il avait donné son nom, y était parmi les plus considérés, peut-être parce qu'il avait gagné plus d'argent que les autres, — car pour être sobre et chaste on n'est pas parfait, — mais peut-être aussi parce qu'il était par-

ticulièrement humain et juste avec ses compagnons, qu'il promenait à travers les deux mondes en des tournées très fructueuses et très applaudies. Un seul était son fils, le petit André, un adorable enfant de six ans, souriant, bouclé, pomponné, gâté, qu'il faisait pirouetter le soir, comme une balle, au bout de son pied, qu'il lançait et rattrapait dans l'espace, que d'autres lui jetaient et qu'il recevait dans les poses les plus difficiles; un amour que le public comblait d'oranges et de fleurs quand, avant le baisser du rideau, il imitait, par derrière, son père, en se moquant de lui. Cet enfant, il l'avait eu presque tout de suite après son mariage avec Mme Hélène Harris, sa cousine, et qui déjà portait le même nom que lui. Ce que ces deux êtres adoraient le petit André ne se saurait dire. C'est pour lui qu'on travaillait, pour lui, le fils unique, qui serait très riche un jour. Jamais berceau ne se ferma, chaque soir, sous un rideau de rêves plus dorés. On se retenait de manger l'enfant de caresses. On avait peur de lui faire mal en l'étouffant de baisers. On était presque heureux, tout en soupirant, de lui refuser un petit frère qui lui eût volé quelque chose de cette fortune et de cette tendresse. Harris Bob était un homme superbe, dépassant alors à peine la trentaine, et Mme Hélène Harris était de grande beauté, brune, avec beaucoup de fierté dans toute sa personne, toute de race par la noblesse du type et la pureté harmonieuse des formes. Et c'était un spectacle inoubliable que celui de ce couple mêlant ses bras autour de l'enfant, où se résumaient, en un germe vivant, en un être fait de leurs deux chairs triomphantes, toute cette force à venir et toute cette beauté.

On achevait, à Munich, une série de représentations. On devait partir le lendemain pour Cologne, où l'on ne recommencerait à travailler que deux jours après. L'anniversaire du mariage des deux Harris tombait donc à merveille. On aurait enfin, entre époux, une nuit d'abandon, une nuit depuis longtemps attendue. Car, étant ainsi privé de sa femme volontairement, Harris Bob en était demeuré plus éperdument amoureux que le premier jour, et purs, hélas! comme des colombes, tous ses désirs accumulés allaient s'abattre

— tels les ramiers sur le chêne sérénal — vers ce moment de délices. Résolu d'être aussi chaste que si je me balançais moi-même sur un trapèze volant, je ne vous dirai rien des ivresses de cette nuit, ni de ses félicités légitimes.

Le lendemain matin, maître Cornélius, l'impresario chez lequel ils venaient d'achever leur engagement, entra comme un fou à l'hôtel où les Harris étaient descendus. Le roi, qui avait entendu parler de ces merveilles acrobatiques, sans les avoir vues, demandait une représentation de plus. C'était un ordre. On payerait Harris Bob ce qu'il voudrait, mais il fallait absolument qu'il retardât son départ et jouât le soir même. — Impossible! s'écria d'abord Harris atterré. Mais le directeur supplia, pleura. Maître Cornélius avait le don des larmes. Pour lui, c'était la défaveur et la ruine. Hélène s'attendrit. Harris était naturellement pitoyable. Et puis, il était si sûr de lui, que pour une fois!... Il éviterait tous les tours dangereux, d'ailleurs. Il promit.

Une représentation admirable. La troupe Harris Bob achevait ses exercices sous des tonnerres d'applaudissements et sous des avalanches de fleurs. En revenant saluer, Harris avait coutume de faire faire à l'enfant un certain nombre de sauts périlleux au-dessus de sa tête. Il ne voulait pas le faire ce jour-là. Mais le petit André, qui avait son amour-propre d'artiste, supplia à son tour. Lui aussi pleura et de vraies larmes, pas comme celles de maître Cornélius. Harris avait repris confiance. Il n'avait senti aucune incertitude en lui, pendant les précédents exercices. Il céda encore, enleva l'enfant par les deux mains, le lança, pirouettant jusqu'aux frises, et, le manquant à sa chute, le laissa tomber la tête en avant sur le plancher, avec un bruit sinistre. Un cri terrible. Une seconde d'un silence effrayant. On avait relevé l'enfant dont un mince filet de sang zébrait le visage. Le petit André avait été tué du coup.

Ce fut un désespoir horrible quand le rideau fut tombé. Harris voulait se tuer. A grand'-peine, on se rendit maître de lui. Un anéantissement absolu succéda à cette douleur farouche, et ce n'est pas Hélène qui aurait pu trouver des paroles pour le consoler. Car les deux époux, déchirés du même remords, chargés du même crime, se fuyaient et n'osaient plus se regarder.

Trois mois se passèrent ainsi. Un matin, au bout du troisième, Harris Bob vit sa femme si étrangement pâle et hagarde, assise sur son lit, qu'il s'approcha, malgré ses injustes répugnances, et lui demanda ce qu'elle avait. Tout bas, elle lui répondit, et il devint aussi pâle et hagard qu'elle-même. Oh! l'horrible confidence! Cette nuit d'amour fatale, cette nuit meurtrière, cette nuit à jamais maudite dans ses mortelles délices, avait été féconde. Les Harris allaient avoir un second enfant, celui qui, par avance, aurait tué l'autre, l'assassin du petit André! Tous les deux eurent l'idée du même crime. Au dernier moment, — le sentiment et le respect de la famille, même à venir, est si fort chez ces simples! — la lâcheté d'un nouveau meurtre eut raison de leur désespoir. Ils ont laissé vivre le germe abominable et sanglant. L'enfant est né hier. Il ressemblait tant à l'autre, dans sa mémoire, qu'Hélène eut un sourire à travers ses larmes, en le voyant. Mais Harris Bob, refusant de le voir, les deux mains crispées sur son visage, mordant ses poings, murmura d'une voix sourde et déchirée :

— Caïn ! Caïn !

LE DÉLUGE

LE DÉLUGE

Quand la pluie hivernale cingle, monotone, les vitres à travers lesquelles n'apparaît qu'un ciel gris rayé par l'averse ; que l'ennui de vivre sans parfums de nature et sans soleil viole notre prison de pierre et de verre et envahit jusqu'à notre foyer, faisant tomber de nos doigts la plume ou le livre, sous le cliquetis endormeur de cette chanson des gouttes d'eau s'éplorant aux croisées, l'effroi de la légende biblique du déluge ne vous revient-il pas, comme à moi, quelquefois à l'esprit, donnant une impression de pérennité à ce supplice ? Si ces sources ouvertes dans la nue allaient ne pas se tarir ? Certes, l'infamie des hommes n'a jamais mérité davantage un céleste châtiment. De l'espèce misérable à laquelle j'appartiens, je ne regretterais que votre beauté, ma chère âme, et je suis convaincu que, sans l'obstination de la Femme à demeurer belle, il y a longtemps que l'immanente et éternelle justice en aurait fini avec notre race. Mais l'immense pitié des choses, faite des mystérieuses admirations de tout ce qui existe, veille sur vous. Pour tromper la mélancolie de ces heures qui tiennent la maison close autour de nous, et ne vous pas laisser attrister davantage à la musique des ondées, voulez-vous, cependant que vos pieds frileux s'alanguissent aux abords des chenets et que vous demeurez délicieusement renversée dans votre large causeuse où votre noire chevelure met une grande tache d'encre, que je vous conte à ma façon cette histoire du Déluge laquelle m'a tant frappé, tout enfant, et telle qu'elle m'apparaît infiniment plus vraisemblable que dans les livres divins ? Car ces vieux textes demandent à être interprétés à la moderne, n'étant plus guère aujourd'hui, pour les incroyants que nous sommes, qu'un objet de poétiques, imaginations.

Vous voyez d'ici, tout d'abord, — regardez par la fenêtre, — les arbres ployés par les rafales d'eau, et le sol devenu comme un lac où tout devient éclaboussement. En un temps où le bureau des longitudes ne fonctionnait encore que bien imparfaitement, prévoyant les accalmies après la tempête, Noé n'avait vraiment pas besoin des conseils de Dieu pour songer à construire un bateau où il se pût réfugier avec sa famille. Il me semble même avoir témoigné, en cette occasion, de moindre confiance dans la Providence divine que les jobards qui ne prirent aucune précaution et se laissèrent noyer en ce cataclysme dont font mention tous les vieux bouquins de l'humanité.

Qu'il ait pris soin d'y mettre à l'abri, en compagnie des siens, un couple de tous les animaux qu'il jugeait utiles à notre propre espèce, voilà qui me paraît pouvoir s'expliquer encore par la simple prudence humaine dont le patriarche était évidemment doué. Cet emménagement dut être le plus curieux du monde. Les tranquilles pachydermes entrèrent les premiers, secouant, comme des éventails, leurs larges oreilles mouillées, et le défilé dura jusqu'au soir, terminé par une paire d'insolents petits roquets qui aboyaient aux chevilles des autres bêtes. Toutes, d'ailleurs, s'étaient prêtées docilement à cette captivité nécessaire, sauf les poissons, qui trouvaient absolument ridicule qu'on ne les laissât pas dans leur élément. Mais Noé, lui, toujours sagace, avait pensé à la friture. Ce que le narrateur sacré a oublié de dire, c'est qu'au moment même où le couple des colombes allait être emprisonné, la colombelle eut la fantaisie de demander à son amoureux d'aller lui quérir, pendant qu'il était temps, encore, une petite branche où pendaient des fruits rouges, semblables à des grains de corail, dont elle était friante infiniment. Pendant que le docile et imprudent oiseau obéissait à sa compagne, Noé fermait l'arche, si bien que la colombelle, pendant que tous les autres animaux étaient par paires, demeura seule de sa race dans l'immense et mouvante maison de bois. Aussi, cependant que tous les autres s'ébattaient en des bruits joyeux pleins de caresses, inventa-t-elle ce roucoulement triste qui en fait, croyons-nous encore, le plus mélancolique des oiseaux. Toujours voletante sous le toit humide de l'arche, à peine se posait-elle quelquefois pour lisser, du bout de son bec rose, ses plumes gonflées de sanglots, d'instinctives coquetteries lui faisant croire que le doux absent allait revenir.

— On pourrait bien faire rôtir ce volatile superflu et dépareillé, dit un jour Cham, dont les appétits de chasseur étaient toujours en éveil.

Mais Mme Japhet, qui était, comme vous, ma chère, un être sensible et n'aimant pas d'ailleurs la chair du pigeon, prit la défense de l'abandonnée que Noé mit d'ailleurs aussi sous sa protection, estimant que cet oiseau lui avait donné un bien sage conseil, — dont d'ailleurs il n'avait pas profité, — en partant tout seul. Car Mme Noé, qui était déjà, à terre, naturellement acariâtre, était devenue insupportable depuis le commencement de la traversée, et ses trois fils, ainsi que leurs trois femmes, passaient tout le temps à se disputer. Cham, sous le prétexte qu'il serait grand-père des nègres, ne voulait absolument rien faire; Sem s'efforçait déjà de prêter à ses deux frères à la petite semaine, et Japhet, futur inventeur de la civilisation européenne, faisait impudemment la cour à ses deux belles-sœurs, coquettes, d'ailleurs, à l'envi, avec lui. Si bien que le bon Noé regrettait vivement d'avoir emporté un autre échantillon de l'humanité que lui-même, et se disait : « Il faut que, pour mettre un peu de fraternité aux veines de ces bougres-là, et chauffer leurs âmes au même rayon de soleil qui les rapproche, je me dépêche de planter la vigne, aussitôt débarqué, et de mettre aux racines du monde les sèves consolantes du bon vin ! »

Et, comme aujourd'hui, ma belle aimée qui cherchez en vain une lueur de rouge ou d'améthyste à l'horizon, indiquant la place où le soleil se couche, mais pendant bien des jours pareils, la pluie continuait de tomber et l'arche de monter, les cimes des peupliers les plus hauts n'étant plus marquées que par de vagues remous.

Pour tous les animaux cependant, autres que les hommes, ce temps de captivité à deux était une façon d'âge d'or. Force leur était de ne penser qu'à s'aimer, sans désirs adultères et sans jalousie, et de convenir que le suprême bonheur était là. Seul, l'éléphant, qui est un poète, faillit troubler l'harmonie générale en avouant, dans un barissement mélodieux comme une fusée de trombonne, son amour idéal à une petite chienne anglaise qui lui aboya à la trompe un *shoking!* lequel fit rire aux larmes tout le reste des passagers. Un jeune crocodile pleura même si fort, habitué à n'user que du Nil, qu'il faillit se noyer dans ses pleurs. Un coucou manqua aussi s'attirer une méchante affaire en allant déposer, par habitude, un œuf dans la bouche embroussaillée de barbe, et qu'il prit pour un nid, de Noé, qui dormait la bouche ouverte. Le patriarche avala de travers et dut donner du pied au derrière à l'irrévérencieux Cham, qui riait comme un bossu. A ces petits incidents près, hormis pour la famille Noé dont Sem avait fini par draguer tout l'argent, cependant que Japhet était arrivé à tromper ses deux frères dans leurs ménages respectifs, la vie se passait calme, terriblement calme, durant ce long voyage vers un but encore inconnu. Et ne vous semble-t-il pas, Madame, que le bonheur eût été grand, pour nous, d'être admis dans cette aventure, réalisant ainsi le rêve de solitude que nous avons fait souvent ensemble, mages ou bergers, à votre choix, attendant, sous la nue uniforme, la première étoile qui nous mènerait vers un Dieu ? En ce long bercement d'un flot d'un rivage, nous aurions savouré la caresse des choses autour de nos propres caresses et la plainte de la colombelle, séparée de son imprudent ami, nous eût ravivé la joie d'être ensemble, en nous rappe-

lant les douleurs de l'absence. Mais, voilà. Noé n'aurait jamais voulu vous admettre dans son arche, parce que vous auriez voulu y emporter toutes vos toilettes, et que vos seuls chapeaux en ussent occupé plus de la moitié.

Et la pauvre colombelle gémissait toujours.

Or, il advint que, pour être plus long que tous les autres, l'hiver qui enfanta le déluge et dont celui-ci n'est qu'une bien faible imitation, malgré l'averse qui fouette encore nos carreaux, prit fin. Insensiblement, le niveau des eaux s'abaissa autour de l'arche et les cimes des plus hauts peupliers en crevèrent les toits d'un gris d'ardoise. En même temps, s'éclaircit le voile du ciel où commencèrent à courir des buées d'argent qui, du côté de l'Orient, aux confins de la nue, se rosèrent. Une haleine de printemps, faite de l'âme de fleurs lointaines, à peine ouvertes encore, commença d'attiédir l'air aux fentes élargies de l'arche, mettant un frisson de bien-être aux membres engourdis des captifs. D'un coup d'une lourde cognée, Noé fit sauter une fenêtre dans la plus haute paroi du grand bateau, l'averse retenant enfin le vol de ses flèches.

Et c'est alors qu'une colombe blanche, venant de très loin, semblant d'abord un flocon circonflexe de neige sur le ciel, approcha, du vol éperdu de ses ailes, tenant au bec un petit rameau que Noé, dans sa vanité légitime de patriarche authentique, prit pour un message de Dieu. Mais je vous jure, moi, ma chère, que c'était bien simplement la mignonne branche aux graines rouges succulentes et pareilles à des grains de corail, que l'amoureux oiseau apportait enfin à sa bonne amie, et qu'il avait été cueillir sur le mont Ararat, le printemps ayant, tout d'abord, posé son pied divin sur cette colline privilégiée.

Non, ma chère amie, on ne me fera jamais croire que ce soit la clémence de Dieu qui ait sauvé un monde si peu digne de l'être. Cet illogique miracle ne pouvait être accompli que par l'Amour !

MARTHE

MARTHE

Très pâle, et le front ceint de marguerites,
Ses grands yeux levés et qui, somnolents,
Semblaient lire au ciel des choses écrites,
Elle s'en allait, rêveuse, à pas lents,
Si pâle, et le front ceint de marguerites!

Très douce et ne parlant plus à la terre
Qu'avec un sourire, et comme tout bas,
Elle allait cueillant la fleur solitaire
Qu'un rêve faisait naître sous ses pas,
Si douce, et ne parlant plus à la terre !

Très frêle, et pareille au roseau qui penche,
Un faix invisible inclinait son front.
Va, repose en paix, ma colombe blanche,
Toi que, plus jamais, mes yeux ne verront
Si frêle, et pareille au roseau qui penche !

Marthe mourut en avril 1871.

Il y avait deux ans que je l'avais rencontrée et que nous avions été amants. Un mois après, comme elle toussait, un médecin de mes amis, après l'avoir auscultée, m'avait prévenu qu'elle n'avait que peu de temps à vivre et engagé à la renvoyer dans sa famille. Sa famille ! Elle n'en avait pas ; je compris mon devoir et, qu'où j'avais cherché le plaisir, j'allais trouver le sacrifice. Peut-être était-ce une bonté de Dieu pour moi. D'amant, je devins garde-malade et, jusqu'au bout, aidé de mon brave docteur Desfossez qui, pour la sauver, tenta des miracles. Nous y espérions un moment. Mais le siège vint, et ses privations, et le rude hiver, et les vivres difficiles. La destinée reprit ses droits.

Marthe mourut en avril 1871.

On était en pleine Commune. Fonctionnaire, et ayant servi comme officier dans un bataillon dit de l'ordre, j'avais dû à de puissantes amitiés de ne pas être appelé à Versailles et de demeurer au chevet de mon amie. Plus tard, les communications étaient rompues et mon rappel impossible. C'était un grand soulagement pour mon âme. J'avais des amis dans les deux camps, et des plus chers. Mais je n'étais pas au bout de mes peines. La Commune s'avisa de vouloir m'incorporer, et des hommes en vareuses et en képis vinrent me chercher dans le petit hôtel de la rue Jacob où j'avais installé, comme j'avais pu, la mourante. Je dois dire qu'ils semblaient humains et parurent touchés de ma situation. Mais ils avaient un ordre précis. Alors, je leur parlai bien en face. Je leur déclarai, qu'ayant fait en sorte de n'avoir pas à tirer sur eux, ils me tueraient plutôt que de me forcer à tirer sur mes camarades de là-bas, les bons artilleurs et sapeurs de ma promotion à l'École. J'étais bien résolu, comme je le serais encore, et jamais guerre civile n'armera ma main. Je vis ce que peuvent des paroles loyales et franches. Ces hommes trouvèrent équitable ce que je leur disais. Ils en prirent note, me donnèrent un répit, et je ne fus plus inquiété que quand, après la mort de Marthe, je quittai la quartier pour un autre. Alors, je m'en allais à Enghien, d'où je vis flamber Paris, les Prussiens criant : « Hurrah ! » autour de moi.

Marthe mourut en avril 1871.

Ah! nous ne fûmes pas beaucoup à son convoi. On recevait des obus du côté de Montparnasse. Je vois cependant encore Hartmann, qui avait édité mes premiers vers pour Massenet, un bouquet de lilas blanc à la main. Merci, après vingt-quatre ans, Hartmann!

Quatre ans de suite, le pèlerinage à la tombe de Marthe fut un de ceux qui me font trop court aujourd'hui le Jour des Morts. Je lui portais des fleurs et je revenais l'âme pleine d'elle, comme si j'en avais respiré quelque chose au petit jardin que fermait un cadre de

bois noir où rien d'autre ne pendait jamais que mon souvenir.

Cette année-là, j'avais acheté, je ne sais pourquoi, une couronne plus lourde encore. Les jours précédents, j'y avais pensé davantage, je ne sais encore pourquoi. Jamais la tristesse ne m'avait été si grande de tant de beauté mélancolique à jamais enfouie sous la terre, de ce martyre inutile d'une pauvre créature condamnée en naissant, de cette jeunesse menteuse si proche de la Mort, de cette rose brutalement fauchée, sans même avoir, pour se flétrir glorieuse encore, l'ignorance immaculée du lys. Mon pieux fardeau sous le bras, je repris le chemin que je connaissais bien, à travers les tombes qu'il me semblait avoir comptées, la première fois, à mes sanglots. Les routes de nos calvaires laissent un sillon dans nos cœurs et une habitude à nos pas qui les suivent tout seuls. Je ne craignais donc pas de me tromper dans cette foule, parmi les deuils que je coudoyais et les morts indifférents dont j'effleurais la pierre.

J'arrivai, les mains déjà sur mes yeux où je sentais monter des larmes. Mes genoux allaient fléchir; mais mes mains ne rencontrèrent pas le cadre de bois noir qui enfermait le petit jardin. Je regardai... La tombe n'était plus là! Une autre en avait pris la place, une tombe, inconnue, quelconque, celle d'un homme, je ne sais plus. Je crus m'être trompé et j'explorai les travées voisines. Mais les anciens repères se précisaient dans mon esprit. Non! Je ne m'étais pas trompé!

Rêvais-je donc? Non! j'entendais, autour de moi, des gémissements qui étaient bien ceux de la vie hurlant à la mort. Toujours ma couronne au bras, j'interrogeai un gardien très élégant qui ne put rien me répondre, très affairé d'ailleurs, parmi les gens qui, pour des morts, moins saignants déjà en eux, demandaient leur itinéraire. Alors je me rendis chez le concierge du cimetière le plus voisin, un véritable secrétariat. Ce gros homme m'écouta avec bienveillance.

— Morte en 1871? me dit-il alors, il y a plus de cinq ans. C'est tout naturel.

— Mais j'avais acheté une concession de trente ans!

— Acheté, où?

— Mais à la mairie, place Saint-Sulpice, dans les bureaux où nous avions fait la déclaration du décès, là où l'on m'avait dit de le faire et où j'ai versé le lendemain. J'ai certainement le reçu.

Le portier des morts hocha la tête.

— Vous le savez, me dit-il, tout ce qui a été fait dans ce temps-là l'a été par des gens qui n'en avaient pas le droit, et qui exerçaient des fonctions considérées depuis comme usurpées. Il n'y a rien d'étonnant qu'on n'en ait pas tenu compte, et qu'on ait considéré tout cela comme nul. Je ne sais pas; mais c'était probablement ça.

Oui, c'était certainement ça. Ça ne pouvait être que ça.

Ah! le courage me manqua pour aller m'en assurer une seconde fois. De toute ma force je jetai ma couronne, au hasard, à travers le cimetière, m'en remettant à Dieu de la faire tomber là où demeurait encore quelque atome perdu de la pauvre morte; et je m'en allai, plus lourd du poids de ma détresse nouvelle, et pleurant comme si j'avais perdu mon amie une seconde fois.

Depuis ce temps, le cimetière Montparnasse n'est plus de ceux où le lendemain de la Toussaint me ramène. Mais, dans tous les autres, nombreux, hélas! où j'ai des devoirs à remplir, cette année encore, il n'y a pas une semaine, j'évoque le souvenir de la tombe absente et de celle qui n'a plus même où m'attendre à ce suprême rendez-vous. Et je m'indigne que les choses horribles de la politique aillent jusqu'à priver une pauvre morte, une enfant, des fleurs que lui apportait la posthume tendresse du seul être qui s'en souvient!

Marthe mourut en avril 1871.

LE MYOSOTIS ROUGE

LE MYOSOTIS ROUGE

L'aube, à chaque buisson, pendait un dernier pleur,
Quand, plein du souvenir cher de la Bien-Aimée,
J'ai gravi la montagne au jour levant pâmée,
Baignant, dans l'azur clair, sa neigeuse pâleur.

Loin encor des sommets croît l'aconit en fleur
Dont l'âme vénéneuse est à peine embaumée.
Sa tige aérienne est comme une fumée
Et son bleu tendre n'est qu'un frisson de couleur.

L'insecte y plonge l'or de ses ailes vermeilles,
Ivre et joyeux. Car la Nature fait pareilles
La lèvre qui caresse et la lèvre qui mord.

— Instrument de torture et source de délices —
Car sous les mêmes cieux, dans les mêmes calices,
L'abeille boit la vie et l'homme boit la mort.

C'est plus haut que la zone azurée où fleurit l'aconit qu'elle avait vu, tout enfant, en une ascension qui ne lui avait laissé d'autre souvenir, la fleur de pourpre, une simple fleurette qu'elle n'avait pu oublier. Fille de ce pays montueux et fille du peuple, quelque berger, sans doute, l'avait emmenée au plus haut où montent les chèvres, promenant, comme les enfants de chœur, leur bruit de clochette dans les encens matinaux qui, de la vallée, montent vers les cimes. Et depuis, ayant continué de vivre dans ce beau pays pyrénéen où les berceaux ont comme de lointains rideaux de neige, elle avait gardé je ne sais quel désir fou de cette fleur sauvage qui balançait encore sous son regard voilé, à l'heure du rêve, comme une gouttelette de sang.

Elle était d'ailleurs bien fille de la race, ni petite ni grande, merveilleusement cambrée dans sa taille souple mais non étroite, le buste un peu long peut-être. Sa jolie tête, posée sur une encolure puissante, plissée par-devant d'un double collier, avec un visage très mat de ton, légèrement bistré dans sa pâleur obstinée, éclairé par deux yeux plutôt petits mais très noirs, avec une pointe de braise dans leur charbon, elle réalisait le type dominateur auquel les amants de quelque expérience ne tentent même pas de résister, très hautaine avec son nez droit, son menton césarien, son front étroit et comme enserré dans le casque sombre de sa chevelure.

Elle n'était pas restée campagnarde, tout en demeurant dans le pays. Un vieux gentilhomme s'y était intéressé, dans des intentions mal définies dont sa mort devait heureusement arrêter l'épanouissement. Le temps manqua à Booz pour toucher de Ruth son salaire. Il lui avait laissé, avec la petite éducation qu'il lui avait donnée, un peu de bien, juste assez de quoi vivre sage au besoin, certainement assez pour lui donner un orgueil qui la pouvait mieux défendre que la vertu. Les rustres qui l'auraient pu épouser — et il n'en avait pas manqué autour de sa dot et de sa beauté — n'étaient pas faits pour elle. Un amour vrai la prendait-il un jour qui vaincrait cette superbe? Rien ne le faisait pressentir, une grande froideur et la seule admiration de soi semblant le fond de son être. Mais il était certain qu'elle se laisserait aimer avec délices quand elle rencontrerait quelque passionné de sa splendeur, digne de lui offrir tout son être en sacrifice.

Et celui-là vint. Il s'appelait Horace. Elle se nommait Lélie.

Il était venu de Paris dans cette admirable contrée, pour y fuir la banalité des tendresses dont un jeune garçon de belle allure et de quelque fortune est facilement enveloppé ici. Il y était venu moins en touriste qu'en poète. Au fait, les vers que je vous ai dits plus haut sont de lui. Tout d'abord, il avait été ébloui de ce paysage de rêve, de cette féerie naturelle dont le rideau se lève dans les brumes rouges de l'Orient et se ferme dans les fumées d'améthyste du couchant. Il avait, comme un fou, couru la montagne, dominant du regard le lacet argenté des gaves, les petits clochers romans aux rondes dentelures, les déserts de cailloux que laissent, après eux, les torrents, les prairies aux verdures sombres qui chantent au milieu de la pierre, comme une hymne de fertilité. Il avait connu la douceur des matins qu'une flore sauvage embaume, et la mélancolie des soirs qui couchent de grandes ombres sur les chemins. Il lui semblait que, comme à la crinière d'un cheval, un frisson de liberté lui fût passé au cou, qui avait fait tressaillir ses moelles. Et un grand besoin de la Femme lui vint de ces bouffées d'air puissant qui réveillaient en lui toutes les virilités émoussées. Mais ce ne fut pas une fureur des sens qui l'agenouilla devant elle quand il la rencontra. Une impression plus haute, sans être moins vibrante, un au-delà de rêve emportant dans son vol l'auguste réalité, je ne sais quoi de religieux, de profond, de définitif, dans le caprice des tendresses, le prosterna devant cette beauté froide et despotique dont il ressentit, comme un coup de couteau, le pouvoir, comme si l'invisible réseau des fatalités s'était fermé et resserré autour de sa volonté.

Leur idylle eut cela de charmant et de quasi divin qu'il ne s'y mêla, de part ni d'autre, rien qui ressemblât à une habileté ou à un manège. Il alla tout droit à elle en lui disant qu'il l'aimait et en lui demandant la permission de l'adorer. Elle sembla trouver la chose absolument naturelle, consciente qu'elle était de son charme, et le laissa faire sans même daigner la moindre coquetterie. C'est une convention tacite entre les êtres qui savent aimer que celui-ci soit un maître et celui-là un esclave. Qui se révolte contre cette loi ne connaît ni les enivrements du despotisme, ni les douceurs autrement grandes du sacrifice. L'homme qui ne va pas à une femme comme le mouton au boucher n'a aucune conscience de son rôle dans le drame passionnel qu'est constamment la vie. Il n'y a pas à s'indigner de l'égoïsme d'un être qui est prêt à tout accepter, se sentant soi-même incapable de rien donner. Cet être obéit à la même loi que le fauve qui bien inutilement s'apitoyerait sur ses savoureuses victimes. Lélie était incapable de pareilles hypocrisies. Elle se rendait compte fort bien que maintenant qu'Horace avait fait le rêve de souffrir et de mourir pour elle, il y aurait de la cruauté à l'en réveiller, même pour le sauver.

Avec ces sentiments réciproques et excessifs, lyriquement sincères, ils furent heureux l'un par l'autre, en ce délicieux et grandiose paysage qui les enveloppait, eux et leurs baisers, dans un immense baiser de lumière et d'azur, dans la clarté violette des ombres sérénales où les étoiles semaient comme des poussières d'argent, au bord des eaux mugissantes qui venaient jeter des dentelles d'écume jusque sous leurs pieds, dans les hauts bois de châtaigners qui mettaient comme une mousse monstrueuse au tronc gris des collines, à travers la gaieté des villages qu'ils traversaient fièrement, au bras l'un de l'autre, comme des époux.

Il passait son temps surtout à deviner ce qui lui pourrait plaire. Et ce n'était pas une mince occupation, car elle apportait infiniment de fantaisie dans son caprice, une grande variété dans ses rapides désirs. Et c'était un Paradis qui s'engouffrait dans son cœur à lui, avec des musiques d'anges et des hosannas, quand il avait réussi à la faire sourire. Mais je ne crois pas qu'elle lui ai jamais dit : Merci! Elle le savait bien payé de sa peine par sa propre joie.

Or donc, un soir, qu'elle semblait rêveuse jusqu'à la maussaderie, comme il l'interrogeait, anxieux, elle lui parla, en se moquant d'elle-même, de cette petite fleur rouge qui ne croissait qu'aux aridités des cimes, mettant une blessure aux neiges, et qu'elle n'avait vue qu'une fois et qu'elle avait toujours envie de revoir. Elle se rappelait très bien d'ailleurs la montagne où elle l'avait vue, cette masse qui faisait, devant eux, comme un autel géant, comme un tabernacle monstreux à la large hostie d'or que dessinait au-dessus la lune et qui, à mi-côte, se dentelait, se déchirait, en convulsions granitiques, se hérissait de flèches de pierres phosphorescentes dans la clarté stellaire. C'est dans cette région que le berger l'avait conduite, mais

par quel chemin? Sans doute, de nouveaux bouleversements du roc avaient fermé cette route et il semblait que l'escalade fût devenue impossible de ce rempart à pic rayé, dans le jour, par des veines de métal qui y mettaient des traînées de rouille et d'ardoise.

Il mesura, du bas, l'abîme qui se devait creuser devant celui qui aurait atteint ces périlleuses hauteurs. Il savoura l'horreur d'une chute le long de ce précipice. Il ne lui dit rien d'ailleurs de son projet et partit seulement le lendemain, la laissant endormie, de plus grand matin encore que de coutume. A midi, dans la grande lumière du jour normale aux objets et ne laissant flotter qu'une ombre insensible autour d'eux, on le retrouva déchiré, presque dépouillé de ses habits par les ronces, reconnaissable à peine, au bord du gave qui mettait un fond d'argent à l'abîme qu'il avait franchi. Une de ses mains crispées tenait un bouquet des fleurs tant souhaitées.

Et ceci se passait l'an dernier. Cette année, avec surprise, les pâtres trouvèrent, au printemps, toute une floraison descendue plus bas, de ces fleurs des cimes, et les plus instruits d'entre eux purent lire, comme écrit en gouttelettes de sang, le nom de Lélie, le long de la pente où le malheureux en descendant — comme troué de flèches par les épines — l'avait vaguement tracé avec sa main pleine de graines arrachées à la plante qui n'avait plus que quelques fleurs.

MONSIEUR PLANTIN

MONSIEUR PLANTIN

Il y a plus de six ans que je n'ai été en Belgique. J'aime pourtant ce beau et hospitalier pays, cette artistique terre où toute ville est un Musée, ce berceau de la liberté. Mais on s'y sent aujourd'hui vraiment trop près de l'Allemagne, et le charme qui m'y liait, sans toucher aux amitiés anciennes que j'y compte, s'en est détendu. Il m'est arrivé de m'y sentir le cœur plus serré sur les bords de la Meuse que sur ceux du Rhin. Mais que de fois mon souvenir et mon admiration m'y ramènent, sur l'admirable place de l'Hôtel-de-Ville, à Bruxelles, aux pieds du beffroi de Malines, dans Bruges, la ville morte que le bon poète Rosenbach immortalise, à Anvers surtout, sur les bords de l'Escaut où chaque mouette blanche me semblait l'envolée du cygne de Lohengrin !

Tenez, cette nuit, j'ai rêvé de cette merveille de piété archéologique, bien faite pour humilier nos œuvres de vandales, qui est le Musée Plantin. J'ai revu la grande cour quadrangulaire, aux murailles trouées de fenêtres symétriques, étroites, avec des carreaux quadrillés de plomb, encadrées par les affolements, jaunis et languissants, d'une vigne dont le pied noueux a la vigueur du tronc des chênes; et j'ai passé sous le regard tranquille des bustes débonnaires, consacrés à la mémoire d'une dynastie de maîtres imprimeurs, immortels dans la légende de leur métier. J'ai grimpé le petit escalier qui mène, par les chambres désertes où de vieux lits semblent s'être affaissés sous le poids seul du temps, mélancoliques et vides, avec un effrangement de courtines aux couleurs pâlies, jusqu'aux ateliers anciens, où les rudimentaires outils des typos de ce temps attendent les ouvriers que n'appelle plus la cloche dont le son ne va pas jusqu'au cimetière.

Je garderai une tendresse inguérissable à la Belgique rien que pour ce soin religieux des reliques du passé. Quelle noble et artistique pensée que celle d'avoir conservé, à ces longues pièces d'un atelier d'imprimerie, leur physionomie laborieuse d'antan! Dans les casiers, les caractères sont classés comme pour une œuvre prochaine, ces admirables caractères qui firent, de la Bible d'Alcala, le plus beau monument de l'art typographique au XVIe siècle et la gloire du savant Arias Montanus. La petite allée de briques est bordée, d'un côté, par les pupitres des compositeurs et, de l'autre, par les presses à bras, vermoulues et massives, amas de bois lourd et déchiqueté par les vers, ridicules et terribles à la fois, comme ces armes de sauvages dont la simplicité nous étonne, tandis que nous en mesurons, avec effroi, les terribles coups. Là fut le berceau de l'Imprimerie, c'est-à-dire la plus formidable invention qui ait servi les haines humaines.

Oui, toutes mes impressions me revenaient, dans cette évocation ensommeillée des anciens pèlerinages. C'est que vraiment, dans ce tombeau demeuré ouvert aux caprices des fantômes, sous ce toit que les cendres invisibles du Passé recouvrent comme autrefois les maisons d'Herculanum, vous êtes hanté par l'évocation obstinée, douce et pittoresque de ces hôtes tranquilles et disparus. Trois siècles se remontent vite par la pensée et c'est dans le rêve, surtout, qu'on se convainc que le Temps n'est qu'une convention, une arbitraire mesure. L'horloge y marche autrement que dans la veille et d'après de plus capricieuses lois : voilà tout. Et puis les portraits des anciens maîtres sont là, portraits vivants qui vous regardent avec des yeux amis, bonnes figures encadrées de larges collerettes à la flamande, comme les peint si bien notre Roybet, et rien n'est plus simple que de revivre une heure au milieu de ce monde aux passions mortes. Je vois les fondeurs de plomb à leur fourneau et les graveurs sur bois poussant méthodiquement leur stylet dans les pavés de chêne, éclairés, en hiver, par des chandelles souvent avivées par la morsure des grandes mouchettes de fer. Il ne faut pas une grande imagination pour repeupler les bancs déserts, encore luisants des usures d'autrefois. C'est une vision qui lentement s'impose. Elle s'anime à la pensée que ces hommes, selon le cœur du sculpteur Baffier qui aurait voulu être leur contemporain, n'étaient pas de simples machines, mais des êtres, comme nous déchirés de mille désirs, impatients de la Destinée. Là, dans ce paisible décor, se nouèrent de solides amitiés et naquirent d'effroyables rancunes; la jalousie y poussa ses souffles empoisonnés et l'orgueil y sentit l'aiguillon des révoltes inutiles. Derrière ce vitrage sombre, tamisant, comme à regret, la lumière captive de la cour, l'Amour aussi a rêvé, l'Amour immortel comme le monde; et plus d'un apprenti, tandis que ses doigts seuls continuaient sa tâche, a vu passer, dans un nimbe de soleil, la blonde bien-aimée aux nattes battant les épaules, comme dans les figures de vitrail, la promeneuse du dernier dimanche dont le bras s'appuyait si doucement sur le sien, tandis que mai faisait jaillir au faîte des haies, comme un ruissellement de lait, la blancheur des aubépines fleuries.

Je n'ai jamais pu visiter une maison abandonnée sans me sentir une sorte de pitié absurde pour tout ce qu'elle gardait des traces de ses anciens habitants. Je vois partout des reliques inconnues et incomprises, des riens dont un souvenir anonyme faisait, sans doute, des choses sacrées. Comme les moutons aux broussailles, ne laissons-nous pas un peu de nous à tout ce que nous avons touché? Ceux-ci leur laine seulement, le grossier habit de la matière; mais ceux-là le duvet aérien comme celui du cygne qui s'envole, de leurs pensées, le pollen qui faisait de leur âme une fleur, la poussière fragile, comme celle qui revêt les ailes des papillons, de leurs illusions.

Ainsi, je me remémorais, les yeux clos, mes impressions d'antan, en ce demi-sommeil qui nous vient, après les journées rudes, des lassitudes mal reposées. Toutes ces ombres s'agitaient autour de moi, silencieuses et glissantes, vainement laborieuses; car de nouvelles pages de la Bible ne s'écrivaient pas sous leurs doigts obstinés aux casiers vides. J'eus je ne sais quel sentiment pénible de la mort et du tombeau, et je me précipitai, les mains en avant, vers une des croisées aux vitres étroites encernées de plomb, laquelle s'ouvrit dans un effarement léger de poussière et avec un imperceptible et soyeux déchirement de toiles d'araignée. Les trois siècles passés et franchis tout à l'heure s'étaient effarouchés dans ce simple mouvement vers la vie. Au dehors, c'était le brouhaha effroyable et banal de toutes les modernités triomphantes. L'activité contemporaine et le progrès sacrilège y battaient leur plein à travers l'effarement des badauds. Comme les feuilles d'automne, rousses et recroquevillées, sous les rafales du vent, sur les allées, un flot déchaîné de livres inutiles, bouffons et mort-nés, courait sur les trottoirs, sans que personne prît la peine de se baisser pour en ramasser quelqu'un. Au lieu des battements méthodiques et cadencés des presses rudimentaires qu'un ouvrier faisait mouvoir, j'entendais la clameur sifflante des machines vomissant leur œuvre inconsciente sous des torrents de fumée noire et crasseuse. Une buée de vapeur chaude me souffleta au visage, et le roulement du balancier monstrueux, la grimace d'acier des bielles, le ronflement des courroies sur les roues à toutes volées, le rugissement innomable des modernes usines m'étourdit.

Ce n'était plus les pages longtemps caressées d'une Bible qui, lentes, sortaient pour l'honneur de quelque livre que les bibliothèques se disputeraient un jour, mais un inextricable fouillis de papier noirci à la diable, un amoncellement de feuilles où les caractères s'effilaient en longues taches. Et rien ne restait, un certain temps après, de ce fatras sans cesse renouvelé, de cette cendre de phénix dont la tempête faisait ce qu'elle fait de toutes les poussières. Poussière de pensées, p[illegible]ière d'âme humaine, tout ce qui reste de nous sous l'écrasement de l'activité contemporaine, œuvre hâtive des écrivains de ce jour, toujours guettés par la gueule avide du monstre, profanation de l'instrument sublime qui devait immortaliser la pensée pour les postérités lointaines et où, aujourd'hui, se disperse l'invention, où s'émiette le génie, où la méditation déchire ses ailes virginales.

Ah! vite et, comme pris d'horreur, je me détournai en repoussant la fenêtre. J'entendais distinctement les voix des gardiens du musée qui prévenaient le public qu'on allait fermer les portes. J'étais, certainement, resté le dernier. Je repris vivement le petit escalier de bois qui, à travers l'appartement aux tentures pâlies des anciens maîtres, conduisait à la porte que dominait un effilochement de vigne vierge teinte par novembre, de carmin pâle. Dans celle de ces chambres que le plus grand respect entoure, celle où vécut et mourut le premier chef de la maison, celui dont le buste est le premier dans le vestibule d'entrée, je vis distinctement, en même temps qu'un son vague et douloureux m'effleurait l'oreille et me venait jusqu'à l'âme, un bonhomme aux cheveux blancs, en justaucorps démodé et à la collerette défraîchie, en culotte courte avec des bas sombres et chaussé de souliers carrés du bout très anciens, à genoux devant un grand Christ d'ivoire, comme les Juifs d'Anvers, dans leur quartier grouillant et décrié, ont encore les plus beaux.

C'était le premier des Plantin, celui qui fit autant que Guttemberg pour l'art nouveau de l'imprimerie, M. Plantin, en personne, qui pleurait et qui demandait pardon à Dieu.

LES BOHÉMIENS

LES BOHÉMIENS

A Charles Toché.

Nous avions quitté Argelès, depuis une heure, mon ami Marcel et moi, pour nous enfoncer dans la belle châtaigneraie qui pend à la colline de Saint-Savin, moutonnement monstrueux de verdure faisant une tache d'un vert sombre aux flancs gris du granit où le soleil couchant met des déchirures violettes. Nous y étions venus chercher l'ombre sur les larges pierres veloutées de mousse, vermicelées de petits serpents de lumière au moindre tremblement des feuilles, sous les grands arbres où le bec rythmique des pic-verts faisait sonner, par places, de petits coups de marteau, buvant, en même temps que la fraîcheur du feuillage, les délices de la paresse, en un virgilien farniente que traversaient des visions d'idylles, Tityre et Mélibée exilés de la triste campagne romaine d'aujourd'hui. Un bruit de tambourin et d'étranges éclats de voix, rauques et gutturaux, nous tirèrent de notre rêverie, non pas violemment, mais après y avoir mêlé, un instant, des visions troublantes. Ce bruit montait de la route de Pierrefitte, dont le ruban poudreux serpentait au-dessous de nous. La curiosité fut, chez nous, plus forte que l'amour du repos si laborieusement gagné pourtant, et, par un sentier à pic dessiné, dans les herbes, par les besoins d'une métairie, à mi-côte, nous fûmes bientôt descendus jusqu'au large chemin où les voitures, revenant de Lourdes ou se dirigeant vers Saint-Sauveur, roulaient de petits nuages blancs.

Des Bohémiens s'étaient arrêtés là, en une halte qu'ils tentaient de rendre fructueuse en attirant les passants par leur vacarme et en demandant l'aumône aux plus avenants. Car il n'est que les mendiants pour être d'admirables physisionomistes.

D'affreux Bohémiens—non pas de ces beaux Hongrois aux boutons métalliques, aux hautes bottes pour qui l'étamage n'a pas de secrets. — Non! des Bohémiens misérables qui montraient des ours. Et quels ours! De pauvres bêtes pelées qui n'auraient même pas eu la force de jeter un pavé sur le nez de leur meilleur ami, et qu'on eût dit sortis d'une longue captivité dans les caves littéraires de l'Odéon, des fantômes d'ours voués, par une étrange fatalité, aux mystères de Terpsichore. Car ils dansaient, déplorables, honteux, dressant sur leurs pattes fléchissantes, la nudité d'un ventre à qui la Pudeur avait refusé suffisamment de fourrure, le museau traversé d'un anneau rouillé, un bâton collé à l'aisselle. Et ils montaient aux arbres de toute la longueur grinçante de leurs chaînes, péniblement, comme des vieux, et leur maître qui ne savait pas un mot de français les appelait : Martin, néanmoins, pour les humilier d'un nom d'homme.

Car vous avez remarqué certainement que rien ne vexe les animaux comme cette assimilation aux personnes de notre espèce. J'ai eu un chat que j'avais sottement nommé Victor, et qui en garda une inguérissable mélancolie. Il se vengea en refusant obstinément, quand il fut adulte, de prendre aucune souris, sous prétexte que ce n'est pas l'occupation d'un Monsieur. Un jour, il n'y tint plus et se précipita par une fenêtre, les pattes en l'air, pour être sûr de se casser les reins. Préalablement, il volait tout ce qu'il rencontrait, et je pouvais lire clairement, dans sa prunelle d'or pailleté, cette pensée : « Si je me conduis comme un simple boursier, c'est que vous l'avez bien voulu. »

Le montreur d'ours n'était pas beaucoup mieux mis que ses pensionnaires, et j'imaginais qu'il en avait d'autres qu'il ne montrait pas dans l'épaisseur bleuâtre et graisseuse de ses cheveux ignorants du peigne, dans les plis crasseux de sa veste dont la couleur eût été impossible à définir. O brute oppressive! *Os homini sublime dedit.* Que le rôle de l'homme est noble, ici-bas!

Ce bipède — c'est de l'homme que je parle — avait une femelle, une créature osseuse, quelque chose comme un fagot de sarments, une machine à porter des petits et à les pendre au bout de ses mamelles noires; celle-ci arborait, sur la tête, une véritable toison, et la poussière avait mis, sur son visage de cuivre, les matités grises que pose la cendre aux boules des chenêts. Les lèvres elles-mêmes étaient noires, teintes, non de fraises mais de mûres sauvages. Deux yeux sombres avec une pointe jumelle de feu, deux braises qu'un souffle attise sous une broussaille. La chevelure crespelée descendait sur la maigreur des épaules, et des haillons se traînaient autour du torse jusqu'à une jupe, que nouait, autour des reins, une ceinture de brocard éraillé et qui eût pu appartenir à la robe d'un nécromancien. Des pieds nus et écorchés sortaient de ce rêve de splendeur magyare et en augmentaient l'ironie. Ces deux êtres — le mâle et l'autre — s'étaient accouplés sans dégoût.

Car la charrette, une boîte informe sur un essieu avec un morceau de toile s'effiloquant sur un squelette d'osier, était pleine d'enfants, enfants presque joufflus et pareils à de mauvais petits anges : une petite fille surtout, d'une beauté déjà féroce, une petite bête de proie encore loin de la nubilité et l'œil pourtant chargé déjà d'attirances cruelles. Et les ours — Martin et sa femme — n'avaient pas cru devoir se montrer plus quintessenciés que leurs patrons. Car, au milieu des progénitures ténébreuses de ceux-ci, un petit ourson d'un aspect presque folâtre, vêtu de velours comme un Auvergnat, dodelinait de la tête, sans faire davantage sinon que pousser de petits grognements parce qu'un de ces jeunes et précoces bourreaux voulait lui faire avaler, malgré lui, des feuilles de salade, supplice innocent, en apparence, mais inquiétant pour l'avenir.

J'oubliais à l'horizon, et complétant cette toile naturaliste à la façon de mon ami Rafaëlli, une bourrique lamentable dont l'Antéchrist n'eût pas voulu pour entrer dans sa fausse Jérusalem et qui tondait, dans un pré d'herbes folles et de seneçons, la largeur d'une langue que le mors avait notablement échancrée. Elle avait pour compagnons deux chevaux dont l'un venait certainement d'être refusé, comme par trop maigre, à l'Apocalypse, et dont l'autre, visiblement mieux entretenu et, sans doute, frotté quelquefois de chardons, résumait toutes les coquetteries de cette famille de sportsmen. Car on trouve maintenant des handicapéteurs jusque dans les moins fortunés de la société, et les conditions sont inégales, jusque dans l'extrême misère, pour les bêtes comme pour nous.

Et nous contemplions, Marcel et moi, cette vermine humaine dans les splendeurs de la nature et du soleil, cette fange congénère à la nôtre dans l'apothéose du paysage et de l'été, cette honte fraternelle dans la gloire des éléments magnifiés. L'horreur de nous-mêmes nous venait de ces semblables jetés devant nos yeux par le hasard et que nous aurions pu être. Oh! les égoïsmes de la pitié. C'est à nous-même que nous allions jeter une aumône dans cette vision épouvantée.

Martin dansait depuis un bon moment déjà. Sa poitrine dont, par places, on voyait la peau comme sur une malle usée, haletait, et, dans les poils de ses flancs, le bâton avait laissé des traînées, comme dans les blés où ont passé les amoureux; de petites gouttes de sang perlaient à ses naseaux, au-dessus de ses dents allongées que découvrait un rictus effrayant, l'anneau ayant été secoué trop violemment, et ses pattes de derrière culottées de longs poils poudreux fléchissaient à chaque cadence que lui imposait le roulement du tambourin. La bête était visiblement exténuée.

— Holà, Médor! ici!

Un beau chien de chasse qui furetait aux mollets bien guêtrés d'un chasseur élégant, d'un gros monsieur confortable qui revenait bredouille de son ouverture, s'en vint japper, en aboyant, autour de Martin, dont les petits yeux gris roulaient une agonie de fatigue. Mais cette lâche insulte à un ennemi muselé souleva, sans doute, une dernière révolte dans l'âme du martyr. Car, d'une patte de devant lourdement abaissée, il brisa l'échine du chien qui roula dans la poussière en gueulant désespérément.

— Arrière! Arrière! Pan! Pan!

C'était le gros monsieur confortable qui, écartant les curieux, presque à bout portant avait tiré. Les deux coups avaient fait balle. Martin roulait dans un double ruisseau de sang, la langue débordant à travers sa muselière, secoué de hoquets sous son poil hérissé où le soleil oblique mettait, aux cimes, des étincellements. L'homme, avec un cri de rage, et le bâton haut, avait voulu se ruer sur le chasseur, mais la mère l'avait cramponné au cou et les petits enfants se pendaient à ses jambes. Le garde champêtre était déjà là qui verbalisait et se confondait en excuses devant le gros monsieur confortable. Ce qu'on allait chasser ces vagabonds!

Je ne sais quel sentiment nous fit revenir, Marcel et moi, quelques heures après, au pied de la châtaigneraie. La lune baignait d'argent la route vide et silencieuse. Rien que le bruit des gaves courant, à gauche, sous leur toison d'écume. Quelque chose d'humain cependant se mêlait, à mesure que nous avancions, à cette musique d'argent. Sous un bouquet d'arbres, les proscrits, à qui on avait donné jusqu'au lendemain matin pour déguerpir, avaient traîné leur misérable campement et attaché leurs haridelles. Martin était couché sur un tertre de gazon, en pleine lumière. Jamais la pauvre bête n'avait aussi bien dormi depuis longtemps. Un petit garçon l'embrassait au museau, déjà froid et rigide. Car eux, les misérables, ne dormaient pas. Ils pleuraient, et ce bruit de sanglots, dans la nuit tout illuminée d'étoiles, nous fit passer au cœur des fraternités et des pitiés dont nous ne sentions plus la honte, et des levains d'humanité souffrante dont nous étions presque, pour nous-mêmes, glorieux.

MAGUELONNE

MAGUELONNE

Le grand jardin descendait en pente très douce, jusqu'à la rivière qui coulait en bas, derrière une saulaie bordant l'autre côté de la route champêtre dont la propriété était bornée, par un mur très bas de briques roses où montaient des lierres, si bien qu'on voyait, par-dessus l'eau vive filer sous les lannières d'argent des arbres, tout à la fois caressée et doucement égratignée et qu'on entendait, à merveille, le bruit léger des flots très bas de la rive contournant les cailloux. Et le grand jardin, coupé de tilleuls en quinconces parallèles au cours de la rivière, sillonné d'allées obliques aux bordures d'asters bruyantes, en été, d'un innombrable bourdonnement, semées de sable fin où s'écrasaient de petits coquillages, se vallonnant en massifs de pivoines et de rododendrons, — ceux-ci majestueux, — ou de roses, — ceux-là odorants — longtemps éplorées encore après le lever du jour, avec des touffes de bambous à la verdure transparente, aux tiges ailées, à la base, comme des flèches, s'enfonçant, à un de ses angles, en un verger merveilleusement couvert de fruits en automne, et à un autre, le plus lointain de la maison, en un petit bois de noisetiers où venaient nicher les fauvettes, était comme un enchantement de toutes les heures que j'y venais passer, au temps des vacances, en étant voisin pendant deux mois et, depuis longtemps, l'ami de celui qui l'avait planté. Mais il me semblait, il y a bien peu d'années encore, qu'il fut désert, sans chansons d'oiseaux ni d'eau courante, mélancolique comme un jardinet de moine fait pour les austères recueillements, quand la petite Maguelonne ne l'emplissait pas tout entier de ses beaux rires d'enfant, de ses courses folles à travers les platebandes, de ses inutiles chasses aux papillons, du vacarme charmant de ses jeux et de l'éblouissante clarté de son être. Elle était miraculeusement blonde avec un assombrissement d'ambre au bout des mèches, longues déjà, de ses cheveux toujours dénoués et portant, en eux, comme un frisson de lumière; ses yeux, d'un bleu presque vert, comme celui des turquoises qui se meurent, mais transparent et imperceptiblement constellé d'or — comme le ciel d'une nuit lointaine — regardaient avec d'énormes franchises et une loyauté extraordinaire d'âme, la femme n'étant pas née encore dans cette délicieuse créature; et la splendeur des formes à venir s'y devinait, cependant, dans le dessin gracieux des bras et des épaules, et la pureté de lignes des petites jambes toujours nues et souvent flagellées par les ronces de roses blessures. Mais ce qui était impossible à décrire et vraiment inouï, c'était la blancheur rosée de son teint autour de la fraise souriante de sa bouche. Le blanc des lys et la pourpre pâle des églantines étaient cruels à côté, tant était vivant et délicat, pétri des plus pures fleurs de la santé et de la jeunesse, le ton de ses chairs plus vierges que sa virginité à venir elle-même, semblant immatérielles encore dans les limbes où ne pénétraient ni l'aiguillon de la volupté, ni l'injure du désir. Telle, dans une vision rayonnante au-dessus de toutes les voluptés, dans un eclat d'innocence qui mettait aux jambes des agenouillements, auréolée de la grâce des immaculées, passait Maguelonne sur les allées de sable fin où s'écrasaient, sous ses pieds mignons, de petits coquillages, entre les bordures d'asters bruyantes d'un innombrable bourdonnement, roulant autour de ses petits bras nus la menace de ses flèches d'or, ou bien à l'ombre des noisetiers où chantaient les fauvettes, encore sous les branches lourdes du verger où ses mains délicieusement ponctuées de fossettes se tendaient vers les fruits mûrs, âme de toutes ces splendeurs, esprit mystérieux de tout ce qui charmait dans cette nature en fête, orgueil de Philippe, son père, mon ami, qui résumait en elle toutes les tendresses d'une vie longtemps passionnée et profondément troublée.

Or, Maguelonne mourut, il y a deux ans.

C'est une chose horrible que la Mort s'attaquant à ces êtres doublement sacrés par leur beauté et par leur faiblesse. Si l'homme pensait à la cruauté latente des choses ou de Dieu, d'un destin aveugle ou d'un maître, il n'oserait plus condamner même les plus monstrueux assassins. Nous nous révoltons quelquefois au récit des tortures imaginées par la méchanceté humaine, et l'effroyable génie de faire souffrir. Il n'en est de comparable, ni par la longueur, ni par l'horreur des souffrances, à certains des maux qui, lentement, nous détruisent, conscients que nous sommes pendant des mois, — souvent des années, — de leur issue irrévocablement mortelle ou bien qui nous frappent en pleine espérance, en pleine sécurité de notre innocence, violemment iniques et immérités. Une promenade imprudente en hiver, dans le grand jardin tout hérissé de givre, aux allées ourlées de velours blanc par la neige, sous le craquement des branches mortes, noires et luisantes s'entrechoquant sous les fouaillées du vent, trop près de la rivière roulant des glaçons aux pieds craquelés des saules s'effilochant en arabesques fines et sombres sur le ciel gris : il n'en avait pas fallu davantage. Tel était ce crime que le doux être le dut expier de mort En rentrant, Maguelonne commença de tousser et ne cessa plus. J'ignorai même qu'elle fût malade. Une dépêche de mon ami m'apprit qu'elle était morte. J'en fus comme hébété et je quittai Paris machinalement, au plus vite, mais me demandant si je n'avais pas rêvé.

Non! je n'avais pas rêvé. Dans la chambre encore pleine de jouets, où des oiseaux tristement se plaignaient dans une cage, veillée par deux cierges qui semblaient si haut que leurs flammes avaient l'air d'étoiles, mais d'étoiles dont l'or tombant en nappes sur la blancheur du drap, était affreusement gris et

mélancolique, la chère petite trépassée paraissait dormir, dans son berceau de fleurs hivernales, lilas blancs poussés dans l'ombre, roses de Nice exsangues et sans parfums, violettes toulousaines seules vivantes, dans cette parure de mort, seules apportant une aumône de vrai soleil à cette tristesse de nuit. Ce fut un jour, pour moi, plein de ces effondrements où nulle foi ne proteste, où nulle espérance ne surnage, où l'iniquité visible du Destin met, à la bouche, des blasphèmes contre l'Inconnu. Mais le lendemain fut plus terrible encore : la promenede au petit cimetière, avec le père se tordant de douleur sur le chemin, secoué de sanglots comme un homme gris de hoquets, se jetant sur le mignon cercueil pour l'étreindre à le faire craquer, par instants hurlant au ciel gris comme un loup à la lune, ou bien s'enfonçant les ongles dans les tempes qui suaient, bien qu'il fît un terrible froid. Allons! Allons! le bon Torquemada n'a rien inventé de pareil à de telles tortures, et tant que nous supportons cette chose immonde qui est la vie, nous n'avons pas à maudire sa mémoire. Je vis tout cela ; j'en fus remué fraternellement jusqu'aux moelles ; j'en éprouvai la douleur infinie avec une intensité qui me fit père moi-même pendant quelques heures, et père désespéré. Et puis, nous le ramenâmes comme nous le pûmes, le pauvre diable, qui n'avait même plus la force de sangloter et qui buttait aux pierres, dodelinant effroyablement de la tête, où sonnait le creux, comme dans une bouteille vide dont les dernières larmes ont coulé. Et la nuit, le veillant à son tour, nous eûmes peur de son épouvantable apaisement, nous demandant s'il respirait encore, étant si complétement anéanti, et s'il n'était pas mort lui-même. Mais non, il vivait. Son lot de souffrance et de deuil n'était pas encore complet.

Et je fus très surpris, le lendemain, de le trouver relativement calme, dans le jardin désolé, dans ce jardin sans âme désormais, où j'allai le rejoindre. Il causait, d'une voix lassée seulement, mais ferme encore, avec le jardinier, dans le verger, et lui désignant, après avoir comme cherché dans sa mémoire, un petit arbre sans feuillage, reconnaissable seulement pour tous les deux, il lui donna l'ordre d'aller le planter sur la tombe fraîche encore et à peine fermée de la petite Maguelonne. Un instant après, je lui disais adieu et sa douleur se crevait, une fois encore, dans un débordement des anglots, quand je serrai malgré moi, sa poitrine contre la mienne, ses larmes s'épanchant en larmes tièdes dans mon cou.

Et revenu à Paris, repris par le courant des travaux et des choses, des efforts et des tendresses, deux ans durant, je revis souvent, les yeux fermés quelquefois et quelquefois ouverts, le délicieux fantôme de la petite Maguelonne, là-bas, dans le jardin, courant par les allées, non pas morte et couchée dans son berceau d'hivernales fleurs. C'est une pitié du souvenir qu'il ne s'acharne pas uniquement au regret des êtres disparus, mais nous les rende un instant, comme ils étaient avant que nous les ayons perdus. Oui, je la revoyais, dans le grand jardin, par quelque estivale journée, cueillant aux branches souples les premières noisettes, ou regardant, au cœur d'une rose, s'enamourer quelque bourdon vêtu de velours sombre, ou bien encore, assise sous la saulaie rafraîchissante où Galatée ne devait plus se cacher jamais, le long de la petite rivière chantante.

Or, samedi, j'eus l'idée d'aller revoir mon ami Philippe qui m'avait écrit, quelques jours auparavant, une très affectueuse lettre à laquelle je n'avais pas répondu. Je revoyais, avant d'entrer, pour la première fois depuis que Maguelonne était morte, le grand jardin, et j'en eus les larmes aux yeux. Je le trouvai, lui, héroïquement résigné dans sa douleur très virile et très profonde. D'un ton très naturel, il me proposa une visite au petit cimetière et je l'y suivis, un gros bouquet d'anémones cueillies en route à la main. Il alla d'un pas sûr jusqu'à la place où dormait l'enfant. Elle y dormait sous l'éblouissement attendri des blancheurs roses d'un amandier dont les fleurs s'étaient ouvertes, la nuit même, l'arbre certainement que j'avais vu arracher du jardin, le lendemain des funérailles. Et Philippe regardait l'arbre épanoui au soleil, puis me regardait, sans dire un mot, et je sentais que notre émotion était la même, volontaire et prévue chez lui, immédiate et imposée chez moi. Ces blancheurs roses, délicates et vivantes, délicieusement immaculées avec une coulée lointaine de sang, c'est de blancheurs pareilles ainsi caressées de carmin qu'était fait ce teint de la petite Maguelonne, ce ton merveilleux de ses chairs d'enfant qui était comme le pollen de sa beauté.

Et le père, un vague sourire aux lèvres, oh! bien douloureux encore! semblait dire que c'était un peu d'elle qui revivait en cette floraison rose et blanche de l'amandier.

Certes, il est dur de coucher des morts sous la terre.

Mais enfermer leurs restes brûlés dans une urne vaut encore moins.

Ils sont plus complètement morts encore, puisque, des cendres, il ne naît aucune fleur!

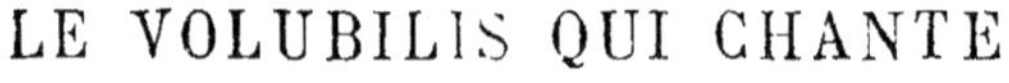

LE VOLUBILIS QUI CHANTE

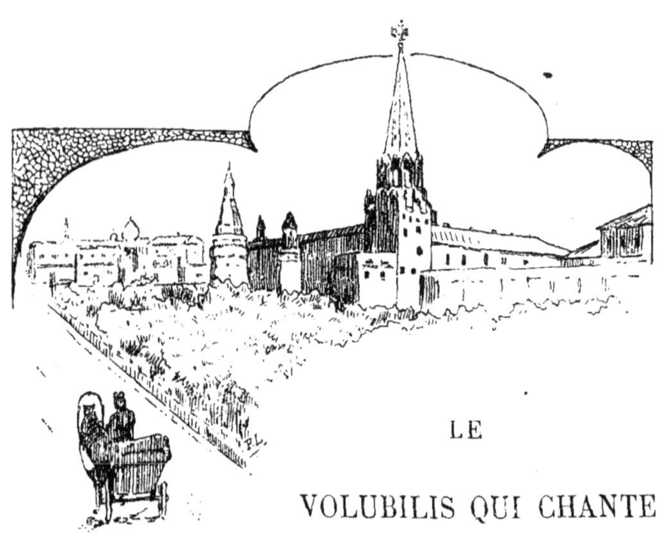

LE VOLUBILIS QUI CHANTE

A Eugène Morand.

J'avais quitté Moscou, deux jours auparavant, les yeux pleins de l'enchantement des dômes d'or arrondissant leur gloire sous les croix haubanées, des toits d'un vert tendre comme les feuilles printanières, du peuple joyeux et doux fourmillant autour des splendeurs du Kremlin, des courtes nuits estivales qui n'interrompaient ni les chansons ni les rires; j'avais quitté Moscou le cœur triste comme d'une patrie lointaine retrouvée et qu'on quitte pour toujours. J'étais descendu vers le Sud pour regagner la Pologne et Varsovie par l'Ukraine et Kiew, curieux de voir ce Dnieper que Gogol à immortellement chanté, et de connaître ce monde kosake dont la renommée d'héroïsme et de poésie sonne comme un bruit de chevaux au galop traversant, crinière au vent, la steppe sonore. Je n'étais pas loin du but extrême de mon voyage quand, avant d'atteindre la grande cité, pris par le ravissement du paysage où le fleuve coulait déjà entre ses rives légèrement montueuses, où des cimes fleuries descendaient seulement dans les eaux, une brume très légère voilant ses contours, prisonnier d'un charme vraiment paradisiaque en ce jardin immense d'où montait une haleine de roses, par cette fin de juin resplendissante qui tendait tous les calices ouverts vers la vendange d'or des étoiles, la lune promenant sa serpe par les vignes du ciel. Je m'arrêtai à une des stations les plus proches, de l'aspect le plus agreste, ensoleillée quand j'y descendis par une aurore flamboyante comme en pouvaient chanter les bergers syracusains dans leurs idylles. Les hôtelleries y étaient, à vrai dire, peu tentantes, mais on m'indiqua — on trouve toujours quelqu'un qui parle français dans ces chemins de Russie et sur ces routes fraternelles — la demeure d'un homme considéré du pays qui, bien que ce ne fût pas son état, hébergeait volontiers les gens du mien, plus par sympathie de race que par désir de lucre.

Je m'y fis conduire et ma joie fut grande quand je découvris qu'il habitait précisément la plus jolie maison du bourg, un peu isolée déjà, et comme ensevelie dans les verdures grimpantes à la multicolore frondaison. Lui-même était un fort bel homme, en pleine maturité d'âge, souriant et dont l'accueil était bien celui qu'on m'avait fait prévoir. Il s'appelait Rousselane, vivait du produit de ses ruches, était ce qu'on nomme encore là-bas « pasteur d'abeilles », fils et petit-fils de Kobsar, c'est-à-dire ayant eu pour père et pour aïeux les chanteurs étranges qui, fidèles aux armées, excitent les cavaliers d'Ukraine au combat, mêlant leur voix au hennissement des chevaux noirs. Sa nièce Maroussia, orpheline et recueillie par lui, habitait dans sa maison. Or, rarement mes yeux avaient été charmés d'une telle beauté que lorsqu'elle m'apparut.

Les femmes de ce pays peuvent, en effet, être comparées, pour l'éclat, aux Espagnoles du Sud de l'Espagne, ayant dans les yeux, un peu moins allongés peut-être, la même flamme; pas plus grandes, mais le buste moins long et se prenant aux hanches plus larges, suivant une harmonie mieux conforme à l'idéal latin; les pieds et les mains également petits et d'un beau dessin, comme dans les races pures, avec le même sourire et les mêmes regards provocants sur un fond de sincérité sensuelle moins décevant; adorables, entre toutes les femmes d'Europe, gaies et mélancoliques tout ensemble, aimant les sérénades, lesquelles ne sont pas, là-bas, moins de mode qu'à Séville, bien faites pour vivre parmi les fleurs et dans la musique des chansons. En Maroussia s'incarnait, comme dans un type élu, cette grâce plastique et souriante, se raffinait

cette malice native dans une indicible expression de bonté. Ses cheveux et ses yeux étaient d'or brun et, sous la peau délicate et imperceptiblement duvetée, comme celle d'une pêche, de son visage, c'était comme une coulée d'ambre chaud dont le parfum vivant traversait l'épiderme. Aucune fleur, pas même la rose, n'était digne d'être comparée à sa bouche, et c'était sans doute pour que les abeilles qui volaient, sans cesse, dans le grand jardin, ne s'y pussent tromper. Mon admiration fut telle en la voyant, qu'elle anéantit en moi toute autre pensée, en je ne sais quel émoi d'une piété cependant douteuse, mais n'y laissant que le rêve très pur de vivre une éternité aux pieds de cette adorable créature sans oser peut-être lui demander rien jamais. Je demeurais donc, dans cette maison loyale, un hôte respectueux, mais terriblement troublé, et le jour et la soirée se passèrent ne faisant qu'accroître cette angoisse tout ensemble douce et cruelle, ce désir par avance résolument désespéré que n'encourageait d'ailleurs aucune équivoque coquetterie.

En la maison de bois, tapissée de feuillages

s'enlaçant, la chambre qui me fut donnée pour passer la nuit s'ouvrait, par une large fenêtre, sur le point de vue le plus imposant du paysage, dominant le grand fleuve et ses rivages vallonnés, moutonnement de forêts bleues dans la nocturne lumière, d'un bleu sombre et qui semblaient un troupeau endormi. La pièce étant restée longtemps inhabitée et la croisée fermée, il avait fallu, pour ouvrir celle-ci, déchirer un véritable rideau transparent de lianes fleuries, grands liserons, aristoloches, gobéas, capucines, églantines grimpantes, qui s'y étaient tendues comme l'odorante toile d'une immense et invisible araignée. Je ne sais pourquoi j'eus comme une sensation de terreur indicible quand tout ce feuillage se brisa avec de petits bruits douloureux. Mon hôte et Maroussia, qui m'avaient accompagné, m'ayant laissé seul, après d'affectueux bonsoirs, j'éteignis la lumière et m'accoudais à la large baie qui donnait sur la campagne, dans cet enchevêtrement de plantes contristées dont les blessures fleuraient je ne sais quel souffle oppressé et grisant. Sous ce nimbe de plaies végétales où la sève pendait en d'imperceptibles larmes devançant celles des rosées, plein d'un rêve intérieur plus empli d'étoiles encore que le ciel, celles du firmament roulant devant moi dans le Dnieper comme si le Pactole y eût coulé, les yeux perdus cependant dans la nue de lapis sombre aux innombrables cassures de diamant, je m'abîmai dans ma rêverie, le nom sans cesse répété de Maroussia me mettant comme un miel plein de brûlures aux lèvres, où montait, en sanglots, comme un relent de baisers. Et le silence était très grand, dans cette solitude, le rossignol s'étant subitement tu, comme si, saoul de sa propre chanson, il eût laissé choir dans le fleuve son verre de cristal, le bruissement même des feuilles s'étant comme assoupi dans la tiédeur de l'atmosphère, quand une musique étrange, très douce d'abord, puis sensiblement bourdonnante, obstinée et vaguement crépitante par instants, s'imposa à mes oreilles et m'arracha, malgré moi, à ma véhémente méditation amoureuse.

D'où venait-elle? Des roseaux bordant le fleuve ou de quelque kobsa qu'un chanteur avait laissé suspendue à une branche où ses cordes s'égratignaient au moindre souffle, ou encore de l'amarre d'un bateau, gémissant au moindre mouvement de l'eau? Non. Cette chanson sans paroles, indistincte, venait de plus près de moi, de tout près, de ce paquet de branchages ondoyants dont la jonchée était demeurée suspendue autour de moi. Et approchant ma tête de-ci, de-là, en orientant dans tous les sens mon oreille, je parvins à préciser le point d'où elle partait. Elle avait pour mystérieux instrument un volubilis à la tige intacte, d'ailleurs, dans l'écrasement général, et dont la nuit, comme toujours, avait fermé le calice, comme si le regard si doux de la fleur, confiante dans le soleil, ne pouvait supporter le regard d'or clair, et perçant comme une flèche, des étoiles. O miracle qui me parut bien fait pour commisérer à ma détresse! Le volubilis fermé chantait!

Et bientôt j'entendis si distinctement sa chanson, qu'il me semblait que ce fût celle même de mon âme.

Sur ma tendresse naissante et déjà douloureuse, celle-ci ne s'était-elle pas aussi cruellement fermée, quand la nuit était venue, emportant, comme un soleil, dans je ne sais quel linceul d'ombre, les yeux d'or de Maroussia? Oui, cette plainte de la fleur que les doigts froids du soir avaient close était vraiment la mienne. Le rayon de lumière divine que j'avais pris aux regards de l'inconsciente adorée se plantait maintenant, dans mon cœur resserré, comme un aiguillon, et le brûlait comme une larme de feu! Les ailes, prêtes à s'ouvrir, de mon rêve, subitement prisonnières — telles celles d'un papillon dont la larve se métamorphose sans pouvoir briser son enveloppe — s'émiettaient sous une étreinte inflexible. Ce que la fleur chantait, en cette plainte entêtée, obsédante, harmonieuse pourtant et faite de vols réprimés vers la lumière, c'était mon triste amour et mon douloureux souci de la belle fille disparue.

Et ce fut ainsi tout le reste de la nuit, le volubilis chantant toujours son poème désespéré dont chaque strophe me semblait monter de ma propre poitrine. Sa chanson devint plus intense et sa voix s'enfla sensiblement, en de plus impatientes plaintes, quand le jour naissant commença de mêler une poussière d'argent aux ombres soudain éclaircies, pâlissant le ciel comme une turquoise immense qui se meurt et faisant monter, de l'horizon, des fumées roses, comme si les jardins de quelque Pœstum lointain s'étaient embrasés. Et je regardai le volubilis sonore. Il paraissait vibrer de sa propre chanson, et voilà maintenant la fleur qui battait rythmiquement, comme si un morceau de mon cœur était en elle! C'était à devenir fou de se voir et de se sentir vivre ainsi hors de soi-même!

Une grande gerbe de soleil s'éleva de l'Orient en une poussée subite. C'était la pleine lumière. C'était le jour. En une dernière convulsion, le volubilis, dont les pétales se déplissaient depuis un instant, s'ouvrit, et je vis une abeille s'en envoler, une abeille des ruches de Rousselane que le soir y avait enfermée et qui s'était débattue, toute la nuit, au cœur inflexible de la fleur.

Je savais maintenant le secret de la mystérieuse chanson.

Devant partir le matin même, je cueillis, avant de quitter ma chambre, le volubilis maintenant silencieux, et ayant rencontré, la première sur mon chemin, dans le jardin éblouissant déjà de soleil, Maroussia, souriante, silencieux aussi, je lui offris la fleur où, durant toute une nuit, j'avais souffert et pleuré pour elle. Elle la prit avec une grâce charmante, mais d'un regard soudain mélancolique, elle me montra la fleur déjà flétrie et mourante. Car le volubilis, aussitôt coupé, ferme ses yeux d'azur ou de lilas tendre.

Et pourtant, je n'ai pas oublié Maroussia.

INSOMNIE

INSOMNIE

Après le jour torride descendu dans un couchant violet semblant un jardin de jacinthes sombres aux pétales frangés de sang, après le soir où s'est amorti, dans un air moite, le vol velouté des phalènes, une atmosphère plus pesante encore où s'amassent les prochaines ondées ; un ciel si lourd que la masse profonde et obscure des arbres semble le soutenir avec peine ; une haleine tiède partout, comme chargée de l'agonie des fleurs, fade, avec des relents de roses mortes comme au seuil des églises quand s'éloignent les funérailles. Impossible de dormir dans cet énervement douloureux des choses à la fois impatientes et craintives de l'orage. Où mieux abriter sa tête que sous la fraîcheur de tes ailes, ô souvenir, compagnon des longues nuits, écho des tempêtes apaisées, renouveau des heures évanouies ?

Vous rappelez-vous, Madame, la première fleur que je vous apportai dans sa collerette encore éclatante de rosée? Je l'avais été cueillir au plus profond du grand jardin, et de sa prunelle qui me regardait avec un air de reproche, je n'avais pas laissé tomber les larmes. Il me semblait qu'elle vous apportât celles de mes yeux. Et bien doucement, pendant qu'on ne nous regardait pas, vous l'avez glissée dans votre corsage, où mon cœur est allé battre tout près du vôtre, silencieux et comme voilé dans ce linceul de parfums. C'était une rose, une des dernières de l'année; car nous n'étions plus en juillet déjà, mais une rouille courait aux cimes des arbres, et les arraignées automnales tendaient déjà, à travers les allées, les embûches emperlées qui mettaient des fils d'argent dans votre sombre chevelure.

Et, par un mirage de la mémoire, il me semble que ce temps est déjà revenu, que la même mélancolie des déclins sonne le glas

des journées ensoleillées, que nous nous retrouvons dans le même épanouissement d'âmes où notre espérance était comme bercée des universels adieux. Oui, ce fut une rose encore que vous mîtes dans votre poitrine ; puis, je cueillis pour vous, tour à tour, dans les parterres appauvris, les hauts dahlias fous et serrés comme les ruches tuyautées de vos dentelles, les marguerites blanches et les marguerites d'un violet tendre, dont le demi-deuil a quelque chose de charmant comme la tristesse presque consolée d'une veuve, les chrysanthèmes enfin, qui semblent des cœurs criblésde flèches, si bien que l'histoire de nos amours sembla toute entière écrite avec des fleurs.

Ma torture fut que, quand je vous les offrais, vous faisiez bien plus attention à elles qu'à moi-même, et j'avais tout à envier dans leur destin. Car elles mouraient lentement auprès de vous, dans la tiédeur embaumée de votre chambre, tandis que mon exil était fait seulement des fragiles espérances du lendemain. Et quand je ne pouvais vous voir, mes fleurs savaient vous trouver quand même ; quelquefois jetées seulement sur votre chemin pour la douceur jalouse d'être écrasées par votre pied charmant. C'est comme dans un bruissement d'ailes invisibles que chantent encore, à mon oreille, ces battements lointains de mon cœur.

J'ouvre ma fenêtre pour regarder la nuit. Le temps s'est levé.

De petits nuages blancs traversent le firmament, ourlés d'orange clair par l'approche de la lune. Décidément, les saintes mélancolies que l'homme moderne a voulu chasser de sa vie revivent obstinément dans tout ce qui lui vient du monde extérieur. Quoi qu'il fasse, il n'empêchera pas la mer de gémir aux confins du monde qu'il habite, ni le ciel de rouler sur sa tête, avec le char des astres et l'avalanche des nuées, les préoccupations de l'infini et les tristesses du souvenir, ni l'idéal de se plaindre en lui avec la voix des choses devenue humaine.

C'est ainsi que dans votre vol pâlissant, étoiles sous qui s'allumera bientôt le bûcher formidable de l'Aurore, je cherche les images ailées des bien-aimées d'autrefois, de celles qui ont pris un peu de ma vie et l'ont emporté sur d'autres routes que la mienne. Vos yeux de lumière s'attendrissent sur moi, et pour moi, des regards s'y rallument qui descendent jusqu'à mon cœur : bientôt votre rayonnement n'est plus qu'un scintillement de larmes et c'est un baiser que le premier souffle du Matin m'apporte, après avoir effleuré vos lèvres de feu.

Dans le lent tourbillon qui vous entraîne, je vois passer mon ivresse et mes fureurs, les flèches brisées des désirs et les fleurs souillées des trahisons, tout ce qui fut mon âme et leur jouet éparpillé en fugitives étincelles, balayé par l'inexorable vent des destinées qui séparent tout ce qu'elles ont uni.

O joies amères que la Beauté donne et reprend, mortelles extases de l'amour que le temps mesure à notre faiblesse, frisson divin qui nous vient d'une autre chair divinisée, infini menteur dont la femme fait éclater nos âmes, aiguillons de feu que le regard plante dans notre poitrine, tortures invisibles de la passion immortelle, je vous sens renaître aux splendeurs de cette nuit étoilée, au silence mystérieux de ce ciel où les flammes éteintes se sont rallumées.

Cependant, une nuée de vapeurs blanches monte à l'horizon. Tel s'engloutit, sous le portail grand ouvert, aux buées d'encens, le cortège virginal des petites communiantes devant lesquelles le soleil rayonnera tout à l'heure, comme l'hostie dans l'ostensoir. Car, dans un instant, le jour gravira les premières marches, obscures encore, de son escalier de feu, et lentement s'ouvrira le tabernacle où nos regards boivent l'immortelle clarté. Un à un, les astres craintifs vont s'envoler perdus aux plis de sa dalmatique d'or.

Les petites nuées se sont teintées de rose, soudain, moins innocentes et moins pareilles à une floraison de lys sous un souffle de prières. Elles se mêlent maintenant au cortège de ma bien-aimée qu'effarouche aussi ce retour de la lumière. Plus nettement, l'horizon se précise, comme déchiré d'une large trouée d'or et de sang. Une seule image y reste debout, que nimbe le rayonnement de l'aurore loin d'en noyer le contour triomphant, et c'est une hymne de constance au plus grand souvenir qui me soit demeuré de la Beauté qui chante en moi dans le grand réveil des chansons qu'est le Matin, châtieur des ombres.

L'âme des souvenirs au vide de mon cœur
Chante encore la chanson des amours obstinées,
Rafraîchit, dans mes doigts, l'éclat des fleurs fanées,
Rend encor mon épaule au joug longtemps vainqueur.

Hors mon unique amour, tout, pour moi, ne fut qu'heur
Sous le souffle inconstant des rudes destinées.
Les heures, qu'oublieux, je ne t'ai pas données,
Dans ma mémoire en deuil n'ont laissé que rancœur.

O défaite ancienne, à chaque instant prochaine,
D'un seul de tes cheveux tu refermes ma chaîne !
D'un seul de tes regards tu me refais captif.

Flot qui suit le penchant fleuri de la colline,
Vers la rive sacrée où ton pied blanc s'incline,
Mon sang reprend son cours comme un ruisseau plaintif.

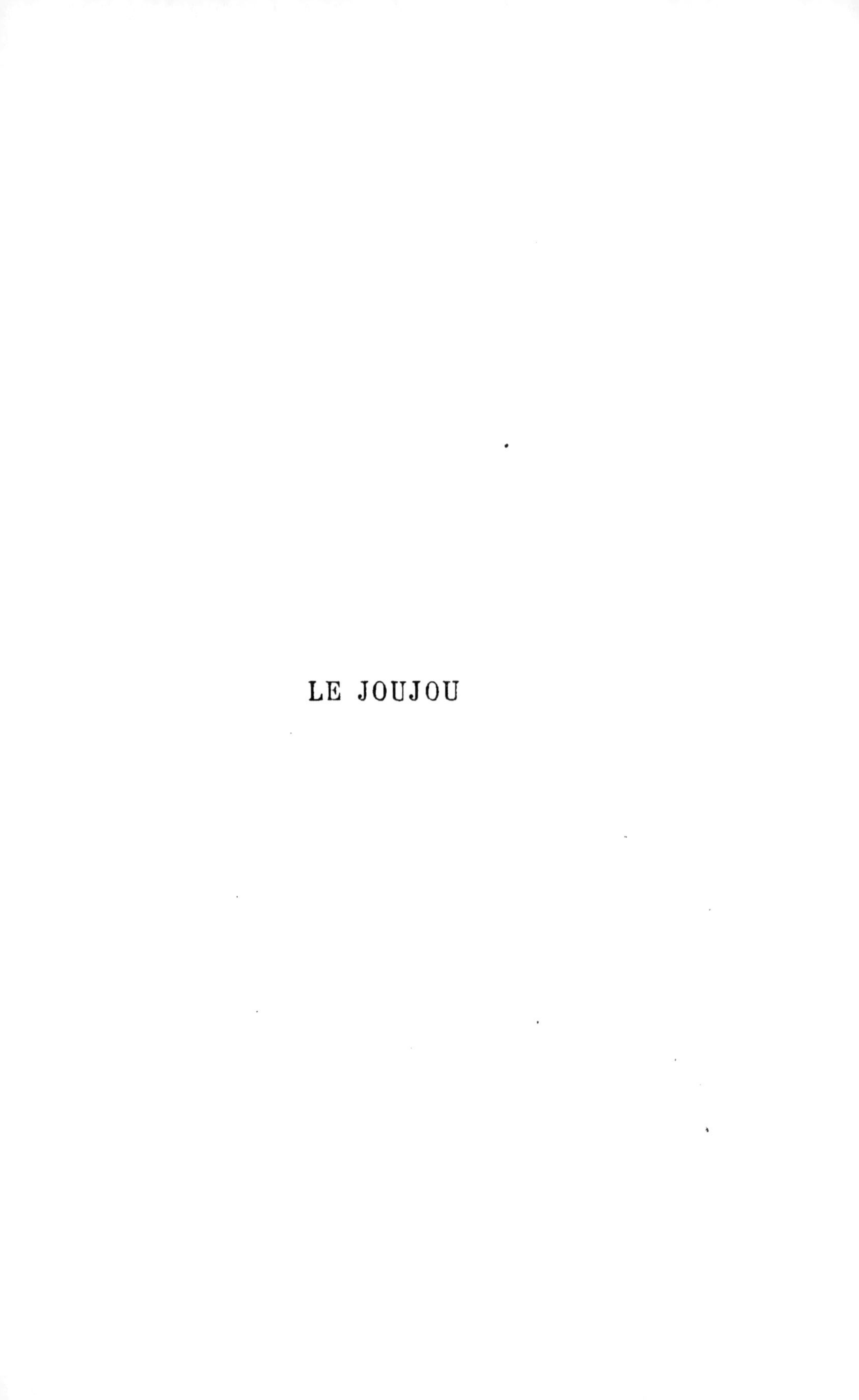

LE JOUJOU

LE JOUJOU

Dans le remue-ménage du départ, en bousculant de vieilles caisses où la curiosité me faisait jeter un coup d'œil rapide, au fond de la plus mauvaise et, par endroits, défoncée, parmi les vieilleries où un peu de tout ce qui fut ma vie est resté, bouquins jetés au rebut, bouquets autrefois baisés et qui ne me rappellent plus aucun nom, anonymes souvenirs qui n'éveillent plus rien dans mon âme, j'ai trouvé... je vous le donne en mille à deviner... un jouet de mon enfance, mon jouet favori, un petit bateau aux mâtures brisées, à la voile déchirée, à la carcasse lamentable et mignonne comme celle d'un oiseau mort.

Comment cette relique ridicule m'avait-elle suivi au hasard des déplacements et des exils, à travers la vie troublée qui fut la mienne, pleine de séparations, de départs éplorés et d'adieux? Je n'en sais rien vraiment, moi qui ait égaré mes plus beaux livres, mes objets d'art les plus précieux et qui suis comme un roc mélancolique entouré d'épaves et de naufrages flottants? Non, je n'en sais rien vraiment, et l'attendrissement que m'a causé cette découverte est pour me faire croire à quelqu'une de ces fatalités douces qui, de bien loin, inattendues et furtives, viennent nous toucher au cœur.

Ce navire en miniature, il est comme une image gravée à la première page du livre dont bien peu de feuillets encore me restent peut-être à parcourir. Il a la solennité bête des mauvaises gravures sur bois. Je le trouvais charmant dans ce temps d'enthousiasmes faciles, et j'admirais surtout sa coque d'un vermillon aigre, criard, implacable, dont les tons vifs se sont amortis aujourd'hui et ne sont plus qu'une façon de réseau d'écailles. De petits canons en bois étaient collés aux sabords, figurés, eux-mêmes, par des trous noirs, incomplètement arrondis por un pinceau maladroit. Ah ! que de belles heures ont vogué sur ce vaisseau en caricature, que d'heures douces et baignées de soleil levant, comme les pétales de roses qui s'envolent aux premiers souffles du matin !

Ce joujou qui pouvait bien avoir coûté cinq francs à l'oncle généreux qui me l'avait donné pour mes étrennes (un enfant prodigue qui avait bien changé), était un objet d'envie pour tous les petits polissons dont je faisais mon ordinaire compagnie. Ce n'était qu'à mes meilleurs amis (tous morts aujourd'hui) que je permettais d'y toucher. Les plus chers seulement (disparus les premiers, ceux-là !) je les emmenais en cachette dans quelque coin bien secrètement enfoui sous les saulaies, dont la petite rivière d'Essonnes était alors bordée, pour y tenter, avec eux, d'impossibles navigations. La mise à l'eau du bateau était, avant tout, une cérémonie d'une importance sans égale. Nous étions deux ou trois à genoux pour le poser en équilibre sur les mille petites rides d'argent qui l'allaient bercer. Il était un peu rouleur de sa nature, comme on dit en canotage, et le poids lui manquait absolument pour fendre le flot minuscule, et pourtant bien paisible, à qui je confiais cet *animæ dimidium meæ*.

On descendait, de ce côté, à la rivière qui traversait ensuite la filature Féray, par une pente douce, mais sans verdure, le sol y étant souvent meurtri par les sabots humides des lavandières et le pas mou des lourds chevaux de travail qu'on y menait boire. Elle était couleur de terre mouillée avec des cailloux luisants. L'autre rive, au contraire, qui bordait d'admirables prairies, était émaillée de marguerites blanches et de rouges coquelicots, et de mille autres fleurs encore sauvages et charmantes, celles-ci en grappes violettes, d'un violet pâle et très doux, celles-là en forme de clochettes qui, sous l'orgue aérien des bourdons aux chasubles de velours, sem-

blaient sonner la messe silencieuse et parfumée d'encens du printemps.

Bien qu'attaché solidement à une longue

ficelle, qui nous permettait de le ramener à nous en cas de naufrage, notre bateau allait quelquefois assez loin de la berge d'où nous l'avions lancé et d'où nous suivions ses évolutions, avec l'attention d'un conseil d'amirauté. C'était les jours où un peu de vent emplissait sa voile et donnait à sa course un peu de fantaisie. Ces lointains voyages où notre âme le suivait à la découverte d'îles formées par de hauts bouquets de roseaux, d'archipels constitués par les floraisons étoilées des nénuphars, de récifs dont un tronc de saule mort d'où s'élançait le vol d'or des frelons faisait tous les périls, nous rendaient haletants et nous mettaient dans la gorge de petits cris d'angoisse. Nous avions une ambition, cependant, et plus qu'aucun autre, moi, le patron du navire, le propriétaire du bâtiment, je méditais cette chose hardie, cette gloire maritime que mon vaisseau traversât la rivière tout entière, dans sa largeur complète, et allât aborder dans cette façon de paradis terrestre qui était à l'autre bord, et dont nous voyions seulement de loin les pavots, les gazons merveilleux, embellis par une flore agreste aux mille couleurs et aux enchantements infinis. Mais, hélas ! malgré que j'eusse appris déjà, dans l'Homère traduit par Mme Dacier, comment on invoque les vents amis, jamais un souffle favorable à cet impérieux désir ne poussa le petit bateau rouge jusqu'à ce rivage que mon imagination emplissait d'un mystère charmant et féerique, ce petit bateau rouge, à demi effondré aujourd'hui et demeuré la fidèle image de mon rêve...

Avec son moutonnement à l'infini de cimes où la neige lointaine semble effilocher l'argent d'une écume et qui grandit, vers l'horizon, comme, à l'heure du reflux, la montagne pyrénéenne de l'ilôt fleuri d'Argelès semble une immense mer qui recule. Ses vagues, d'ordinaire mobiles, comme si un caprice frileux du Temps les avait figées — tel un océan de glace aux polaires reliefs — semblent s'animer à nouveau sous les jeux de lumière du jour déclinant, et de grandes ombres violettes et comme flottantes s'y creusent sous de menteurs déferlements de verdure. Le roc à nu prend des luisants de nacre comme si le flot venait de le baiser et des lichens géants semblent pendus aux arêtes incendiées d'obliques feux. Et de longues bandes de vapeur, flexibles et blanches, mettent une vision de voiles qui se penchent aux flancs de cette mer terrestre que secoue, au loin, un invisible et muet ouragan. Sous une même poussée du vent, ces voiles feintes se poursuivent comme une flotte vaincue qui regagne le port, teintées ici et là par des clartés occidentales, pareilles à de longues ailes de mouettes, rosées par le soleil couchant, quelques-unes pareilles à des ailes d'ibis. Mais voici que, tout à coup, le soleil qui avait disparu derrière la plus haute des montagnes qui semblait un rempart dressé sur l'horizon, en émerge par côté, perçant la nuée de sa lumière rouge et sans rayons. On dirait un trou de feu béant dans le ciel, une blessure large et ronde et pleine d'un sang vermeil, le cœur du monde arraché et pendu en l'air comme à l'étal d'un bouclier. C'est superbe, et c'est terrible : un vaisseau de feu sombrant dans cette mer aux gouffres d'améthyste sombre !

Cependant, le nuage blessé reprenait le combat et la révolte des vagues ouvertes s'acharnait à l'astre un instant triomphant. Le magnifique globe se déforma soudain et ne fut plus qu'une bande éclatante, une déchirure dans le linceul d'ombre qui l'enveloppait. Et cette déchirure avait encore la forme d'un bateau, non plus se présentant dans le ruissellement d'or de sa poupe victorieuse, mais d'un bateau désemparé, d'un bateau de flammes voguant sur les vapeurs comme sur une autre mer. Et ce bateau flamboyant m'apparut comme celui qui emporte nos rêves vers l'Infini, nos tendresses vers le néant et que colore la fleur vivante et pourprée de nos veines ; comme la barque fragile à qui nous confions plus de la moitié de notre âme, nos aspirations suprêmes, nos amours éperdues, nos désirs désespérés.

En vain, il tentait de monter plus haut dans le ciel, sur le dos écumeux des nuées et la croupe rebelle des montagnes monstrueusement écaillées de pourpre, ou de s'avancer plus avant dans l'horizon, poussé par le vent qui descendait avec la nuit, de l'hiver éternel des glaciers. Il demeurait immobile comme rivé dans le sillon que lui-même avait tracé.

Ainsi, pensai-je, le meilleur de nous reste suspendu entre la terre et le ciel, attaché au roc comme par une ancre invisible.

Les choses du ciel ont-elles donc aussi leurs naufrages ? Soudain, le bateau de feu que j'emplissais du fantôme de mes pensées fut comme traversé par une raie d'ombre qui le sépara en deux. On eût dit une lame qui le coupait dans toute sa longueur. Et ce ne fut plus qu'une double épave, toujours lumineuse, mais comme mordue et rongée par la nuit, et s'amincissant sous le travail destructeur des éléments. Bientôt, deux fils parallèles seulement et vibrant comme les cordes douloureuses d'un violon.

Puis rien ! Rien que la nappe obscure, comme soudain rassérénée, tranquille et vaguement violette qui s'élevait, — telle une muraille flottante, — au-dessus et par-delà les sables argentés d'Argelès, où le rayonnement d'une lune encore invisible répandait déjà des poussières de diamant.

Joujou brisé, retrouvé dans les épaves de

ma vie; imaginaire bateau de pourpre déchiré par l'immobile tempête d'une mer sculptée dans le granit, même vision et même débris de nos rêves qui tentent vainement le voyage impossible du ciel!

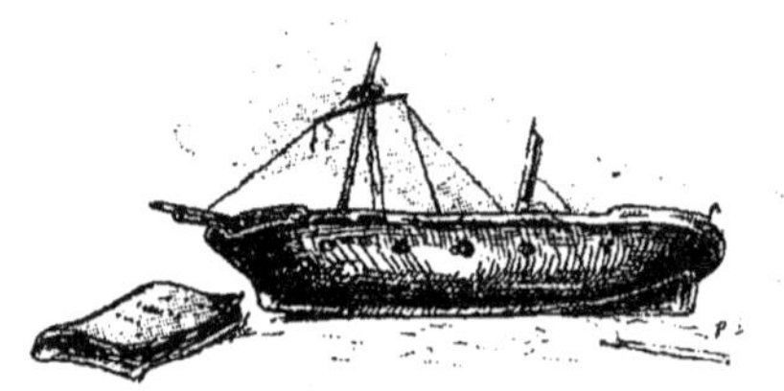

PRINTEMPS

PRINTEMPS

I

La sérénité d'une olympienne vision, dans un jardin céleste plus haut et plus lointain encore que celui où s'épanouit, dans l'éternité d'un printemps, la flore enflammée des constellations ; un air plus pur que celui où se balance, très au delà des cimes neigeuses, le vol circonflexe des aigles ; et, seulement, comme un rappel des terrestres réalités, une bande bleue coupant les horizons dépassés, d'un bleu de lapis-lazzuli plus violent à l'arête même où s'exaspère encore l'éclat des gemmes, d'un bleu céruléen comme l'œil profond de la mer ; des souffles emportant des parfums plus troublants et plus sauvages dans leur pénétrant arome que ceux qu'on respire sur les cimes, et, dans cette atmosphère close d'infinis et faite pour les ailes des au-delà, des femmes aux chevelures dénouées, au corps éblouissant de blancheur comme suspendu en des poses d'une grâce et d'une légèreté surhumaines, des femmes comme il en flotte seulement sur le bord tremblant du berceau des rives, toutes comme emportées dans l'enthousiasme d'un hymne mystérieux dont on n'entend pas la musique, extasiées par quelque sursaut intérieur de leur âme, et blanches, si blanches, qu'on dirait que leurs chairs ont été pétries en pleine neige ensoleillée. Comme de vivantes fumées d'encens, elles montent jusqu'aux pieds d'un génie immobile dont la main enfantine tient un flambeau.

— Eh ! mais, camarade, c'est un tableau de Puvis de Chavannes au Salon du Champ de Mars que vous me décrivez là ! Peut-être. Sûrement, même, c'est de l'avoir longtemps contemplé, sous le charme de sa poésie haute et vibrante, que le rêve que je viens de dire m'enveloppa durant la dernière heure de mon sommeil matinal, comme il arrive souvent que les choses vues revivent dans notre esprit, après avoir subi une transposition. Oui, je les reconnaissais, toutes ces femmes habillées de clartés stellaires, mais non plus telles tout à fait que le tableau me les fit revoir le lendemain. Elles avaient d'abord pris les traits de mes amoureuses passées, aux yeux mouillés de reproches et n'ayant, aux lèvres, de sourire que celui de l'adieu qui pardonne. Mais j'étais sans doute encore, au moment où je les vis ainsi, — les événements se précipitent si vite dans nos songes, — très prisonnier encore de mes liens d'humanité terrestre. Car, à mesure que ceux-ci se rompaient par une envolée plus haute, presque douloureuse, vers l'immatériel, les inconnues se tranformèrent en s'immatérialisant elles-mêmes davantage, et ce fut mes illusions, mes espoirs, toutes les forces inutiles et désespérées de mon âme dont elles revêtirent l'image, en une théorie qui m'apparut comme un effeuillement de tout mon être jeté, par lambeaux, aux quatre vents du ciel.

Mais qu'elles étaient douces et blanches, en cette heure crépusculaire de limbes où s'enfantait mon esprit dans les mensonges fleuris de la jeunesse ! De quel élan naïf et confiant, sous leur armure liliale de virginité, elles passaient, au vol d'invisibles ailes, dans ce jardin aux fleurs surnaturelles, leurs yeux transparents et clairs s'ouvrant sur des sources aux sables dorés, leurs lèvres ne souriant encore qu'à de très lointains baisers, voluptueuses seulement à force d'être chastes, bien que le génie qu'elles servaient de leurs hommages ressemblât fort à l'Amour, des phalènes, pareilles à des cœurs, venant brûler leurs ailes veloutées à son flambeau.

Elles étaient visiblement sœurs et cependant toutes non pareilles, des coulées d or et des coulées de nuit se mêlant, avec leurs chevelures, dans l'éther silencieux. Une, entre autres, plus jeune encore que les autres, et plus blanche, auréolée d'un blond plus pâle, d'un blond de miel, semblait la figure, prête aux troubles à venir sous sa tranquillité présente, de l'Innocence, et toutes les puretés inquiètes d'une puberté vague encore mettaient un charme troublant à son visage presque d'enfant encore.

Ainsi se développait mon rêve, en se précisant davantage dans l'inconnu et dans le mystérieux.

II

Il vous faut dire, pour en relier par une trame les illogismes apparents seulement, que je m'étais endormi tard cette nuit-là, après de douloureuses insomnies. Jamais, en ce temps printanier de tous les réveils, de tous les épanouissements, je n'avais gardé, dans mon cœur, un hiver plus sombre et plus obstiné ; car vous avez remarqué, comme moi, que nos impressions sont souvent rebelles aux objurgations, non pas seulement du calendrier, lequel n'est qu'une convention méprisable, mais de la nature dont nous ne nous laissons pénétrer qu'à regret. Cet entêtement des sensations, cette façon de s'attarder dans la saison déjà passée est le mélancolique effet des souvenirs qui tiennent une place de plus en plus grande dans la vie, à mesure que nous y avançons nous-mêmes. C'est comme une impuissance de marcher du même pas que les choses, et la perte de l'orgueil de ne s'en pas laisser devancer. C'était bien en avril, il y deux matins, parbleu ! que se passait tout cela, et je n'avais pu chasser encore de moi les neiges de décembre. Je portais en moi des forêts dénudées, des chemins noirs tout craquants de givre, des couchants rouges ensanglantant les squelettes sombres des buissons et des spectres de bûcherons très pauvres promenant la misère humaine dans cet enfer frileux. Tout ce monde était celui de mes propres pensées, sans joie et sans soleil, sans espérance et sans amour. C'est elles qui, dès que mes yeux étaient clos, c'est-à-dire ne regardaient plus qu'en moi-même, revêtaient les apparences de routes désolées, de bois dépouillés, de pauvretés errantes, et m'enveloppaient comme d'un jardin dévasté aux arbres noirs, nus et sans feuillages, hérissés de flèches où pendaient de petits glaçons dont le soleil, à son oblique déclin, faisait des gouttes de sang, jardin de brutale réalité si différent de l'élyséen décor de mon rêve.

Je crois bien que le vent s'était levé au dehors, comme il arrive souvent aux premières lueurs du matin, quand de petites nuées roses passent, à l'orient, comme un effarouchement de pétales d'églantines. Il me semble me rappeler que mes volets craquaient légèrement, et je suis sûr d'avoir entendu cette musique des souffles qui se déchirent, n'ayant pas encore à gonfler la voile verte des frondaisons, aux branchages secs. Ce bruit, imperceptible sans doute dans la réalité, s'exaspéra et s'amplifia dans mon esprit, tout aux suggestions déformantes du rêve, en un vacarme d'orage, en un tumulte de tempête, et il me sembla que les cieux tout entiers, dans leur profondeur, étaient balayés par une trombe qui secouait les astres tranquilles, eux-mêmes, sur leurs trônes d'or. Remonté soudain dans les célestes espaces, je les voyais traversés d'un mouvement furieux de l'éther, et ce beau décor olympien où, comme dans le bois sacré, naguère, j'avais pénétré sur les pas du grand peintre-poète, était secoué par la tempête comme un vaisseau, celui qui portait la meilleure moitié de mon âme, celle qui vit d'idéal et de songe. C'était sous mes pas comme une poussière d'étoiles brisées, et, plus bas, cet horizon qu'une ligne d'azur marquait tout à l'heure, était devenu montueux comme une mer en furie, roulant à ses crêtes un échevèlement de cavales d'écume.

Tout cela pour un petit grincement de volet et un mugissement de bise peut-être!

III

Comme de beaux alcyons que l'orage a surpris, comme de grands oiseaux aux ailes de lumières subitement éteintes comme des flammes au vent, les femmes jeunes et blanches qui peuplaient, il y a un instant, le jardin délicieux de mon rêve, les femmes aux chairs liliales et comme exquisement diaphanes, qui flottaient tout à l'heure aux pieds d'un génie comme des haleines d'encens, avaient été précipitées dans la débâcle commune. Avec un déchirement épouvantable de moi-même et une révolte infinie contre le destin, je les voyais, dans leurs voiles aériens déchirés, jetées dans l'espace vide, les bras étendus en des détresses désespérées, affolées de terreur, inertes, dans leur épouvantable chute, comme les feuilles mortes que saisit un tourbillon. Elles suivaient cependant un chemin commun, comme entraînées vers l'Inconnu par la colère du même souffle et, en une spirale tourmentée, par l'immensité qui semblait se rétrécir en s'approchant de la terre, je les vis descendre, — telle une fumée que le vent refoule, — jusqu'à cet effroyable jardin aux arbres nus et piquants, vers ce jardin tragiquement mélancolique qu'habitait encore mon âme attardée à d'invincibles tristesses, malgré que le Printemps l'appelât du dehors avec la chanson joyeuse des fleurs, avec le frémissement déjà verdoyant des feuillages se décroquevillant en fluides émeraudes. Et ce que je voyais était horrible vraiment. A ces arbres fruitiers du verger, aux écorces encore toutes noires et traversées d'aiguilles de givre, aux branches dures et cassantes de bois comme mort, à ces fagots vivants hirsutes et dont rien n'amortissait les piqûres, les chères et belles exilées à la peau liliale se heurtaient, se déchiraient, s'accrochaient pour en être secouées ensuite, se dispersaient en lambeaux, et leur chair, leur chair idéale, leur chair blanche, leur chair de séraphique neige s'arrachait à cette inoubliable torture, laissant des petits morceaux de blancheur à toutes ces pointes de lance, si bien que les cruels arbustes étaient bientôt tout blancs, comme couverts de fleurs de neige frémissantes, cependant que les formes des suppliciées s'étaient rapidement évanouies et comme fondues dans l'air.

IV

Cette fois-ci, le coup de vent fut assez fort pour ouvrir brusquement mon volet mal fermé. Je me réveillai en sursaut et, mes yeux se portant subitement vers ma fenêtre que rien ne défendait plus du jour déjà largement descendu, je vis mon rêve se continuer. Car, en effet, les arbres fruitiers, cerisiers, pruniers, abricotiers, étaient tout fleuris, tout blancs comme je les avais vus au plus cruel moment de cette vision dans l'ombre. Ils avaient vêtu leur habit d'avril, celui qu'ils portent, de coutume, vers le temps de Pâques fleuries et qu'ils n'ont mis que plus tard cette année. Cette fois-ci, l'hiver était bien chassé de moi. Je consentais à entrer dans le printemps, déplorant que ce ne fût pas l'amour qui m'y eût conduit. Et dans une petite rêverie plus douce, à laquelle je m'abandonnai encore un instant, je revis la jolie petite figure de l'Innocence assise rêveuse au pied d'un amandier dont la dernière fleur mettait une petite tache rose aux blancheurs immaculées jusque-là de son voile.

LE LIVRE D'HEURES

LE
LIVRE D'HEURES

I

Entre une mèche de cheveux dont j'aurais été bien embarrassé de nommer la propriétaire, et un bouquet fané où mes baisers n'avaient pas inscrit de noms, parmi des paquets de lettres enrubannées que je n'aurais pas rendus autrefois au prix de mon sang, de vieux livres auxquels des pétales de fleurs servaient de signets, sous un flot de rubans flétris et dans le voisinage d'un délicieux petit soulier de soie, en un de ces inventaires que Baudelaire appelait, comme il convient, des bilans, et où nous remuons, avec une indifférence qui nous étonne, les cendres de notre propre cœur, j'ai trouvé une vraie relique que j'ai bien vite arrachée de ce bric-à-brac profane : le livre d'heures de ma vieille tante Paule. Comment se trouvait-il en si compromettante compagnie ? En quelque changement de domicile, il sera tombé d'un colis dans l'autre. Si peu de nous, réalisent aujourd'hui ce vœu de Sainte-Beuve :

Naître, vivre et mourir dans la même maison !

Ah! le pauvre bouquin! L'avais-je assez maudit quelquefois! lui devais-je assez de respectueuses excuses et de dévotions repenties! C'est tout un coin curieux de ma vie qui a tenu entre ses pages jaunies, dans sa reliure de basane aux jaspures pelées, aux coins aplatis, au parfum de vieillerie! J'avais vingt ans, j'en avais trente, j'en avais quarante même, — car la chère femme me vit commencer de vieillir, — que lorsque je me trouvais, le dimanche, à Toulouse, en villégiature familiale, elle ne manquait pas, quand la messe de huit heures sonnait à Saint-Étienne, de me le fourrer violemment sous le bras en m'envoyant à la messe. Et la pauvre le ferait encore, si je l'avais conservée!

Il eût été prodigieusement ridicule de contrister la chère âme — ridicule et odieux — par la remarque que n'ayant pas envie de prendre Paris, même par la famine, comme le bon Henriot qui avait imaginé de faire jeûner son peuple pour lui rendre, plus tard, plus agréable la poule au pot, je me souciais fort peu d'une messe. Avec une résignation confinant à l'empressement, je chargeais le Bottin à prières sous mon coude et je prenais le chemin de l'église dans lequel elle me suivait des yeux, à sa croisée.

Seulement, pendant dix ans au moins, j'eus une façon spéciale d'assister à l'office. A peine la rue tournée, je fourrais de mon mieux, au risque de le crever, le petit dictionnaire dans ma poche et je m'en allais d'un coup de pied, une cigarette aux lèvres, entendre, sur le chemin de l'Embouchure, la messe en musique que chantent les oiseaux sous le dôme des verdures, la messe que tintinnabulent les clochettes des lilas sous la brise, la messe où les violettes toulousaines, à haute tige, balancent des encensoirs parfumés.

Ah! j'étais bien embarrassé, au retour, quand ma tante Paule me demandait ce qu'avait dit le prédicateur! J'inventais n'importe quoi que ma tante trouvait toujours très bien, parce que, comme tous les menteurs, je forçais la note et j'analysais un discours digne de saint Dominique, où l'hérésie était proprement confondue et la componction glorifiée. Que voulez-vous? Je ne pouvais cependant reproduire à ma tante le sifflement des merles, ou le babillage des fauvettes, seule homélie que j'eusse écoutée avec une attention d'ailleurs recueillie. Car les merles, à en juger par la sévérité de leur tenue noire, sont sans doute les ecclésiastiques des oiseaux, comme les corbeaux en sont la magistrature, et il y a quelque chose de tout à fait évangélique dans leur accent. Ils dodelinent volontiers et inclinent la tête en marchant, comme les dévots. Je les crois des confesseurs indulgents et de ceux dont on dit, entre bigotes, qu'ils ont la manche large, expression qui pourrait être prise de mauvaise part par des gens mal pensants. Quant aux fauvettes, ce sont certainement de petites bavardes d'église, comme les a si bien décrites La Bruyère.

Et bien, un jour, j'eus un remords sincère de cette conduite-là.

II

Étais-je, tout à coup, devenu dévot moi-même? Je ne le crois pas, ne sentant, encore aujourd'hui, survivre à ma jeunesse, en moi, que le culte païen de l'Amour et l'adoration des formes vivantes. Et cependant, ce beau jour-là, je me mis à déserter le chemin fleuri de l'Embouchure pour entrer résolument à Saint-Étienne, par l'unique raison que j'ai horreur de tromper qui que ce soit et ceux que j'aime surtout. Le temps m'a donné, pour le mensonge, une aversion qu'égale seul mon mépris, en m'apprenant qu'il est, neuf fois sur dix, la plus insigne des maladresses. J'allais à la messe, parce que, n'ayant pas eu le courage, facile seulement à une égoïste, de protester, j'avais dit que j'y allais.

Ah! pourquoi ma tante Paule n'avait-elle pas choisi pour paroisse Saint-Sernin, la merveilleuse basilique romane qui, plus près de la Garonne, élève son clocher quadrangulaire de briques rouges et où les cérémonies sont, par l'influence du décor même, le plus beau spectacle qu'on puisse rêver. C'est là, en ces processions intérieures, seules autorisées aujourd'hui, derrière les reliques lentement promenées dans la lumière jaune des cierges, dans la buée d'azur de l'encens, parmi la musique haletante des orgues, que s'est réfugié tout le vieux paganisme latin, dans son expansion splendide et solennelle, voluptueuse et mystique. Des théories de jeunes filles, voilées comme les antiques vestales, cheminent derrière l'or des chasubles et le frisson neigeux des surplis, un chant religieux aux lèvres, leur visage brun donnant des transparences d'ambre au réseau presque imperceptible d'étoffes qui les enveloppent et que tache largement d'encre leur noire chevelure. Et tout cela serpente, suivant les petites

cathédrales de vermeil, posées sur des coussins de velours, où des ossements entourés de diplômes s'effritent, sans doute, et ne sont plus qu'une poussière vénérée. Cette admirable idolatrie nous prend vraiment aux moelles, nous tous en qui la race réclame et se révolte contre le culte silencieux de la déesse Raison et sous les muettes subtilités de la philosophie contemporaine. Ah! je vous jure qu'aucun levain politique n'est dans la plainte que je formule. Mais, au point de vue poétique et pittoresque, nos villes méridionales et Toulouse, en particulier, ont beaucoup perdu aux décrets célèbres interdisant les processions publiques. On ne rencontrait guère autrefois, dans les rues de ma chère patrie, que des soldats, des filles et des moines, le tout vivant dans la meilleure intelligence du monde, et c'était, croyez-moi, un curieux spectacle, à la Fête-Dieu, de voir la procession, la plus belle, s'aventurer dans le quartier galant où les reposoirs les plus magnifiques avaient été dressés par les mains les moins pures. Ce grand agenouillement des courtisanes dans le tortueux faubourg, sous les feux dont le soleil allumait les rayonnements de l'ostensoir, cette immense absolution descendant, des mains du prêtre, sur les maisons maudites, ce recueillement des bouges, toujours pleins à l'ordinaire de vacarmes obscènes, devant cette visite de l'Idéal, tout cela avait une grandeur étrange, un beau parfum de miséricorde, tout cela faisait penser, admirer et rêver. Cette pitié de l'Église pour celles que le monde, ignoblement ingrat, traite sans pitié, cette pitié solennelle et douce, dans un effeuillement de roses sur les pavés longtemps souillés, dans un souffle de cantiques chassant dans le vent les ordures amassés, dans un embaumement de cinname dissipant les parfums grossiers des lits profanés sans cesse, je vous assure qu'elle était profondément émouvante, et ridicule seulement pour les canailles et les sots.

III

Mais que me voilà loin de mon pauvre vieux livre retrouvé parmi mes souvenirs d'amour, venu là peut-être, lui aussi, comme les processions dans les rues décriées, pour y mêler je ne sais quoi de pur et de consolateur. Que me voilà loin de la messe que j'allais écouter, distrait assurément, dans cette cathédrale de Saint-Étienne qui n'est qu'une moitié d'église, un morceau de temple inachevé, et qui attendra vainement la piété des âges futurs. Une odeur fade en entrant, l'odeur des grands bâtiments mal aérés, une odeur d'encens moisi. Derrière les chaises qui emplissent la nef, beaucoup de femmes du peuple assises sur leurs talons, en capeline noire, égrenant paresseusement des chapelets; beaucoup d'hommes debout aussi, parmi lesquels le type espagnol domine. Bien que je n'eusse droit qu'au petit office qui se bredouillait à un autel latéral, je profitais des dernières musiques de la messe épiscopale: orgues se lamentant dans le chœur, voix criardes d'enfants, mugissements de serpents et de contrebasses, mais tout cela assez vague et fondu pour être harmonieux. Beaucoup de prêtres effectuant un grand va-et-vient de salutations autour du trône où l'archevêque diocésain était assis, les longs plis de sa soutane m'apparaissant seuls développés sur les marches, le reste de sa personne et sa tête austère m'étant cachés par un large pilier.

Que de fois, après une nuit dont l'innocence n'avait pas fait tous les frais, ai-je goûté je ne sais quel recueillement béat, quelle douceur de souvenirs enfantins, quel repos de l'esprit tourmenté par la chair, dans cette heure étrange de piété à la fois fausse et sincère! Car, toujours fidèle à ma parole, je faisais de mon mieux pour suivre l'office sur le gros bouquin de ma tante, dévot maladroit qui ne parvenait jamais à rattraper le prêtre, et rêveur obstiné dont la pensée fuyait par mille chemins fleuris d'impressions tièdes encore. Il m'arrivait, quand j'étais très fatigué surtout, d'envier leur foi à ces femmes en prière dont les lèvres inconscientes chuchotaient des mots latins entre les feuillets entr'ouverts d'un livre, courbées sur leurs chaises, abîmées dans de stupides délices. Et je trouvais qu'entendre ainsi, sans croyance assurée, loin du chemin de Damas, la messe, demeure quelque chose de doux, même à ceux pour qui elle n'est plus, comme pour moi, qu'une « romance sans paroles ».

TABARINA

TABARINA

I

En la regardant, au théâtre, si bien figurée par l'insolente et réelle beauté de Mlle Rachel Boyer, cette Francisquine que le bon Tabarin massacre si justement dans le beau drame de Catulle Mendès, devant cette inconsciente cruauté de la chair triomphante, toute frémissante, avec la salle entière, du désir de cette superbe et mauvaise fille châtiée, je ne sais pourquoi j'ai pensé qu'elle se devrait appeler Tabarina, la femme type que le poète nous a si impitoyablement révélée, actrice sans vergogne et naturellement vouée à une comédie éternelle qui finit en drame quelquefois, magnifique instrument de nos tortures et raison de nos trop rares crimes. Car tous nous avons souffert de quelqu'un de ces monstres, et peu d'entre nous ont trouvé, pour le punir, le courage du bateleur du Pont-Neuf. Car, en vérité, c'est un abîme que cette stupidité vouée au mal des compagnes que, par aventure, nous fait le destin. On se demande quelle fleur perverse, quelle vénéneuse ancolie a glissé sa sève au cœur de ces roses dont l'épanouissement a les attirances d'un baiser. Et j'ai cherché quand l'impression m'était venue, pour la première fois, de cet épouvantable mystère; et je l'ai trouvé dans un souvenir d'enfance, et je demeure maintenant convaincu que la première Tabarina que j'aie rencontré dans la vie, ce fut tout simplement ma cousine Marthe, et je vais vous dire pourquoi.

C'était au temps des vacances, dans ce grand jardin toulousain où la piété de ma vieille tante avait élevé une madone de plâtre, parmi les nudités païennes dont le goût, jadis polisson, de mon oncle Auguste avait semé les carrefours des allées de platanes. Oh! ces belles années automnales, quand, toujours d'argent en dessous, les feuilles des platanes avaient revêtu, par-dessus, une rouille d'or! Les eaux de la Garonne, déjà accrues, coulaient, avec un bruit plus mélancolique, au pied de Saint-Cyprien, et les appels des oiseaux-voyageurs passaient, dans l'air, comme des soupirs de flûte, cependant que, légèrement ployés par un vent plus fort, les roseaux du bassin gémissaient comme des violes. La belle chanson des vendanges s'était tue sur les coteaux voisins, mais le bruit lourd des chariots sur la terre amollie faisait une basse sourde à cette composition monotone du temps. Cette époque de l'année où, comme l'a dit excellemment le poète Laurent Tailhade :

Les couchants sont rayés d'émeraude et de cuivre

se rencontrant, sans s'en douter, avec ce vert-blanc de George Sand :

Les soirs sont teints de cuivre et de pourpre enfumée,

avait déjà le don de me remplir d'une indicible tristesse. Entre elle et le beau pétillement du feu clair, la blancheur immaculée des neiges pendant déjà aux pics pyrénéens une plus large goutte de lait, toutes les splendeurs et toutes les joies de l'hiver en chemin, un voile se dressait, un brouillard où se perdait ma pensée dans un inexprimable sentiment de destruction et de deuil. Ah! non! que la femme n'est, en réalité, ni notre sœur ni notre femelle! Quoi, alors? Un dieu descendu sur terre pour nous tourmenter et qui nous en veut de l'avoir dérangé malgré nous. Plus je vais, plus je constate, entre la façon de penser et de sentir de l'homme et la façon de penser et de sentir de la femme, non pas seulement une telle différence, mais un tel antagonisme, que je me refuse à voir une parente même lointaine dans nos bourreaux. En ces temps douloureux pour moi, Marthe était, au contraire, d'une gaieté folle. C'était bien simple : l'automne apportait la désolation anticipée dans tous les êtres susceptibles de souffrir, saccageait les nids, dispersait les roses, affamait les pauvres gens, mais lui était l'occasion d'un changement complet de toilette. Elle allait quitter sa jolie robe blanche à pois roses, — je crois les avoir tous baisés l'un

après l'autre, ces pois innombrables, quand elle ne me regardait pas — et son grand chapeau de paille sur lequel trois cerises artificielles faisaient d'elles-mêmes une partie de cochonnet au moindre souffle. Et quelles cerises! A peine eussent-elles fait illusion à un moineau du jardin de l'hospice des Quinze-Vingts! La curieuse et l'impatiente avait déjà vu les mains de l'ouvrière en train de piquer une mince bande de fourrure autour d'un caraco de drap chaud, et déjà sortir de son carton d'un affreux vert, avec une forte haleine de camphre, le manchon où devaient se blottir, comme des oiselets frileux, ses doigts mignons durant les gelées à venir. Il n'en fallait pas plus pour qu'elle insultât à la mélancolie générale en sautant cyniquement de joie. Avec un étonnement indigné, nos chardonnerets, dans leur cage au mouron plus rare—tels les crânes où s'éteignent nos juvéniles pensées — se renfrognaient, plongeant, dans l'ébouriffement de pourpre des plumes de leurs têtes, leurs becs pointus comme des aiguilles.

II

Or, ce jour-là, j'étais allé, révolté moi-même de cette intempestive gaieté, me promener seul dans les grande avenues de platanes, tout à la musique ployante des feuilles mortes, des larges feuilles qui couraient comme des folles, à mes pieds, regardant le sol qu'elles rayaient d'ombres fantasques, avec cette fixité indifférente que donne quelquefois la rêverie, quand, dans une bande de lumière jaune que le soleil encore tiède, et déjà pâle, dessinait entre deux ombres d'arbres, j'aperçus quelque chose sur le sable, un objet symétrique battant l'air, comme un double évantail. Je m'approchai et j'aperçus un grand papillon de l'espèce du morios, aux ailes de velours marron, bordées d'un feston d'or clair, s'affinant, des deux côtés, en deux pointes égales. Tandis que ses pattes, déjà engourdies et inutilement velues, glissaient péniblement sur les petits cailloux sans pouvoir s'y accrocher, ses magnifiques ailes, chauves déjà, par places, de leur poussière brune, palpitaient, douloureuses, sans pouvoir se prendre à un souffle qui les enlevât. Ses antennes se croisaient, traçant les x d'un problème insoluble, au-dessus de sa tête que secouait un balancement rythmique désespéré. Comment l'image de la Mort m'apparut-elle, pour la première fois, dans cet insecte que le froid allait tuer? Je ne saurais le dire : mais le terrible poème de la destruction fatale se déroula, devant moi, avec une intensité extraordinaire, dans ce spectacle. Ce bel exilé de l'azur et du calice odorant des fleurs se débattant sur la terre nue, dans les angoisses suprêmes, m'emplit d'une immense pitié : toutes les affres de l'agonie m'avaient été subitement révélées, et je ne sais quelle terreur dont je n'étais pas maître m'éloignant de cette détresse que je ne pouvais soulager, je revins en courant à la maison, comme un malfaiteur qui porterait en soi un peu du poids inconscient des destinées.

Rassérénement subit de mes regards! J'y trouvai Marthe en train d'essayer sa robe d'hiver, bras nus parce que les manches n'y étaient pas encore cousues; une petite robe d'un bleu bien sombre qui, avec ses blancheurs vivantes des deux côtés, lui donnait l'air d'une hirondelle. Il la fallait achever bien vite et y coudre les manches. Qui sait si le temps ne se rafraîchirait pas encore le lendemain? Elle l'espérait bien ardemment, la chère petite âme! Oui, rassérénement de mes yeux, mais non pas de mon cœur, tout au souvenir du papillon en train de battre le sable de ses ailes mourantes dans un dernier rayon de soleil, si bien que je demeurais silencieux et qu'elle me demanda, superficiellement inquiète, non pas de moi, mais de sa toilette :

— Ne me trouves-tu donc pas belle?

Oh! que si! Mais j'avais la pensée ailleurs; et comme elle insistait, et comme je suis moins impénétrable encore que le plus naïf de nos diplomates, je lui contai tout net, et avec une extraordinaire chaleur, ce que j'avais vu et ce qui venait de me toucher si fort. Il paraît que je fus éloquent comme Jaurès lui-même. Car, après avoir commencé par sourire, Marthe s'attendrit sur le sort du moribond ailé. Je lui fis partager mon horreur pour cette fin déplorable d'un des êtres les plus beaux qui aient fêté ce printemps. Elle ne put même retenir ses larmes — oh! les jolis diamants qui lui couraient au corsage! — quand je lui eus communiqué minutieusement toutes les souffrances qu'un retour bien naturel vers ses splendeurs passées devait causer au morio dans ce pénible instant, lui, le familier de l'air, le camarade du zéphyr, l'ami des roses, la fleur vivante qui vole, à présent frémissant, comme un ver, sur la terre froide, humilié, vaincu, mourant deux fois, de froid et de honte!

Un sanglot de Marthe m'interrompit.

— Peut-être vit-il encore. Viens! viens! dit-elle.

Et elle s'enfuit avant que j'eusse pu lui répondre.

Ah! pauvre, douce et innocente créature! Et que pourras-tu pour ce pauvre animal que frappe l'inexorable destin? Crois-tu donc, pauvre petite Marthe, que l'impitoyable Mort va s'attarder, comme moi, devant tes lèvres roses, devant tes yeux en pleurs et devant tes beaux cheveux dénoués par le vent? Tu ne sais pas les lois farouches de la nature, mignonne, et que les ciseaux de la Parque ne s'attardent pas aux billevesés de notre cœur. Mais sois bénie tout de même pour ce mouvement inconsidéré de ton cœur infiniment miséricordieux! Tenter l'impossible dans la charité! O sublime folie des femmes! Comme elles valent mieux que nous que rebute le moindre effort!

Ainsi je pensais quand elle accourut en criant, de sa voix claire et joyeuse :

— Le voilà! le voilà! je le mettrai sur mon chapeau de peluche amadou, entre les rubans!

Et, au bout d'une longue épingle à cheveux, elle brandissait le papillon empalé, secoué par les dernières angoisses, palpitant fébrilement.

— Pourvu qu'il ne s'abîme pas les ailes en se débattant encore, ajouta-t-elle. Allons! Monsieur, voulez-vous être bien sage et mourir bien vite?

Et je ne trouvai pas un reproche dans mon cœur, pas un cri d'indignation, pas une plainte. Je la regardai comme cloué au sol, moi-même comme piqué à l'automnal chapeau que faisaient les feuilles sèches à la terre légèrement embuée, ayant appris, ce jour-là, et du même coup, le secret épouvantable de la Mort et la férocité imbécile de la Femme.

O comédienne dont rien n'est vrai et profond, ni le rire, ni les larmes, qui t'agites, tour à tour tragique et comique, aux tréteaux de ton propre cœur? O Tabarina!

LE RAMEAU

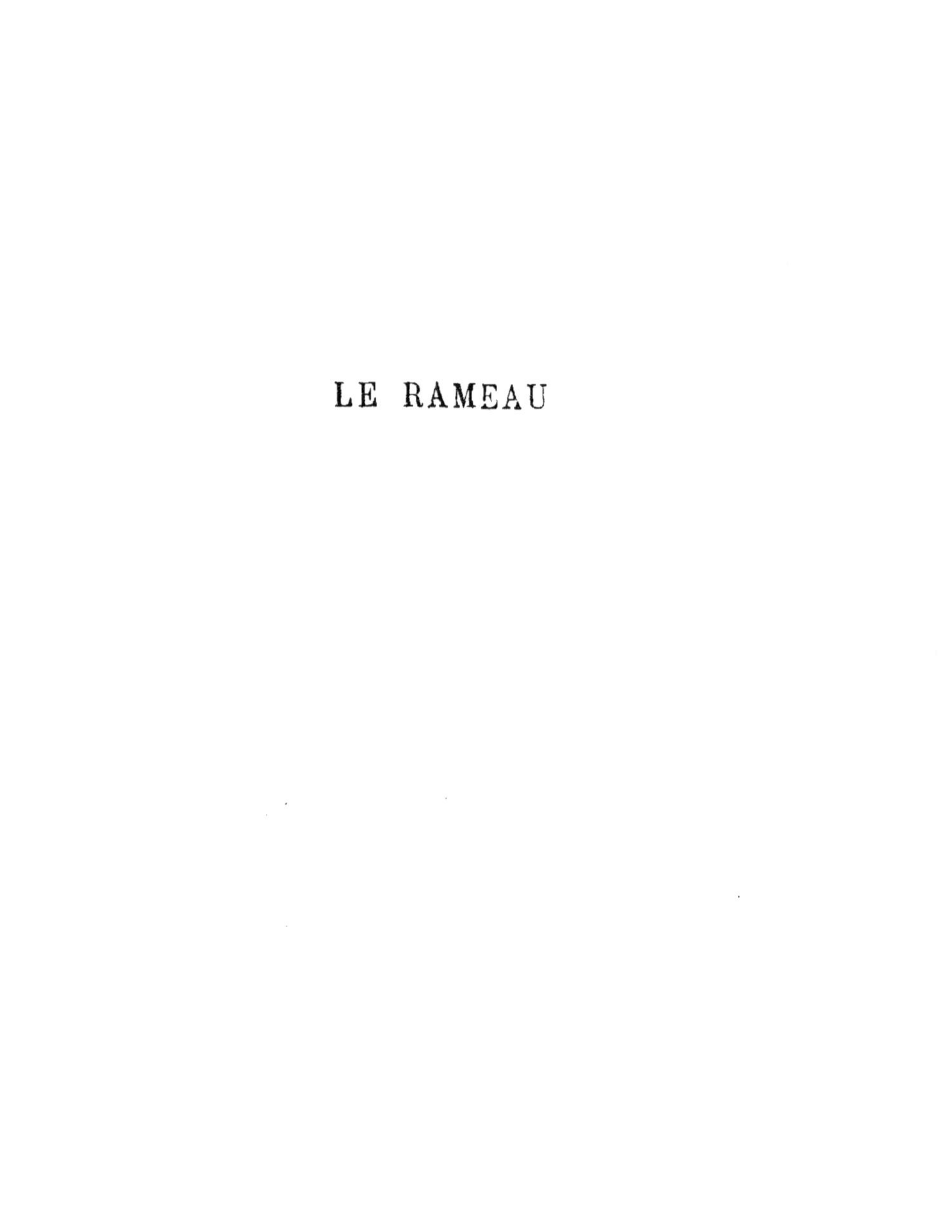

LE RAMEAU

Il y eut de cela juste deux ans dimanche passé.

Par une éclaircie de soleil mouillé, comme souvent en ce temps des dernières giboulées, en une printannière et toute neuve toilette que justifiait plus l'impatience de sa coquetterie que la tiédeur réelle de l'air, plus matinale infiniment que de coutume et pieuse par caprice plus que par vraie dévotion, elle avait rapporté, de l'église du petit village où ils cachaient leurs tendresses, dans un de ces paysages qui bordent la Seine avant Paris, enrubanés d'azur clair par le fleuve et si bien faits pour les félicités amoureuses, une branche de buis béni, bientôt posée, par un innocent sacrilège, au-dessus du petit lit qu'ils trouvaient trop grand encore. Et ce brin de verdure, par une superstition très douce, devint pour eux, bien moins le souvenir du Dieu traversant Jérusalem au dos montueux d'une ânesse, qu'une de ces païennes reliques faites de tous les riens sacrés qu'accumule une affection divinement puérile et qui se croit sincèrement éternelle; rien de plus, pour leur piété toute humaine, que les fleurs qui se sont fanées sur les seins, les lettres qu'on garde après avoir juré de les brûler, et les mèches de cheveux qui conservent une odeur de baisers au fond des cachettes qui furent longtemps comme un coin de notre cœur.

Sous cette petite branche dont les feuilles s'étaient, par place, mordorées en se séchant, ils avaient connu les heures délicieuses qui consolent, seules, de vivre, ceux qui ne sentent, en eux, que l'invincible besoin d'aimer, et qui sont, de vous à moi, les véritables élus dans ce monde. Et comment cette vie d'illusions charmantes et de formelles voluptés avait-elle été interrompue — tel un rameau fleuri se brise sous un vent d'orage — nous n'avons pas à le chercher, ces déclins rapides semblant suivre, pour le plus grand nombre, la pente mystérieuse des fatalités. Quand, six mois après, je rencontrai Maxime, à Paris, en un lieu où l'on s'amusait professionnellement, c'est-à-dire bien peu, et lui demandai des nouvelles de l'aimée brune qui portait la fierté d'une déesse dans la nuit de ses cheveux et, dans ses yeux, les plus attirantes damnations du monde, je vis que je lui faisais mal et n'insistai pas. Il est de ceux qui laissent couler leur sang, mais en cachant leur blessure. Maintenant, elle est absolument cicatrisée, car il parle volontiers de la déception ancienne, et c'est par lui que j'ai su une partie de ce qui suit. Et, sans amertume, me dit-il encore que jamais elle ne lui avait paru plus belle, celle qui l'avait quitté, que par ce jour de Pâques fleuries, où, sous un chapeau de paille empourpré de cerises précoces, elle lui était apparue, dans sa toilette presque blanche, tant étaient pâles les tons mauves de sa robe neuve, tenant à la main, moitié railleuse, moitié attendrie, la branche de buis achetée à la porte de la sacristie, sous les mugissements de l'orgue et l'odeur vague des encens bercés, en l'air, par les litanies, dans la clarté multicolore que filtraient les vitraux.

Il m'a juré qu'il n'avait choisi en rien cet anniversaire. Mais c'est par un jour pareil et le même dimanche marqué sur le calendrier, qu'il était revenu, l'an passé, après l'avoir déserté longtemps ce nid de tendresses passées, mais non oubliées. A quoi bon garder maintenant ce gîte suburbain, où tout parlait de l'absente, au point que tout autre y fût devenue, rien qu'en y entrant, une étrangère! Maxime a, d'ailleurs, cette piété des âmes délicates qui ne profanent pas les anciens sanctuaires dans la promiscuité de dieux nouveaux.

Ayant une journée à lui, et se sentant plus de courage qu'à l'accoutumée, il était venu déménager le petit mobilier laissé là-bas et qu'il comptait donner aux pauvres, charité absolutrice des affections non bénies; et, résolument, il avait commencé ce sacrilège travail d'anéantir tout ce qui ne serait plus que pénible à sa mémoire. Ayant allumé, dans la cheminée, une flambée avec des branches mortes qui mirent des pétillements dans l'âtre, il commença d'y jeter fleurs fanées, lettres cachetées, mèches de cheveux, tous les enfantillages exquis que, tant de fois, avaient cherchés ses lèvres au temps où la chère absente allait revenir. Une buée de mélancolie monta en lui, en même temps que la fumée s'évaporait entre les chenets enveloppés de cendres rouges et noires comme le dos visqueux des salamandres. Et avec une vraie tristesse, il pensa que c'était un peu de lui-même, et du meilleur, qui s'en allait dans cette vapeur inutile où tournoyaient de petits papillons noirs et des étincelles vite éteintes, et que cette ombre de l'âtre bientôt vide envahissait, aussi, tout un coin de son âme.

Le feu avait juste duré le temps nécessaire à accomplir cet autodafé, et même pas tout à fait; car, au mur, au-dessus du petit lit qu'ils trouvaient encore trop grand au temps de leurs ferventes tendresses, la branche de buis, rapportée juste un an auparavant, continuait de pendre, maintenant bronzée aux extrémités, avec de rares coulées de vert sombre. Et, pendant que les cloches de l'église un peu lointaine où elle avait été achetée, très doucement, dans l'air où passaient des rafales vite calmées, annonçaient la fin des vêpres et la foule des fidèles se répandant sur la place sous les tilleuls aux longues pousses violettes, il eut comme une vision attendrie de l'infidèle qui, ce jour-là, l'avait si fièrement traversée, avec son faux laurier dans la main. Et, nerveusement, comme pour s'arracher à cette évocation douloureuse, il jeta le rameau par la fenêtre ouverte, le plus loin qu'il put — pour qu'il tombât dans quelque jardin où, le lendemain matin, viendrait pleurer sur lui la rosée.

Mais un coup de vent fit dévier la chute de l'inconsistant projectile et la petite branche de buis, rabattue le long de la maison, s'en vint tomber aux pieds de la petite pauvresse Jeanne qui, de tout le jour, n'avait pu recueillir un sou pour acheter un rameau béni sur le seuil de l'église, ce dont elle était véhémentement triste, l'âme très simple qu'elle était de petite orpheline depuis longtemps abandonnée. Et, comme elle marchait, presque extatiquement, dans le bruit des cloches, blonde comme Geneviève la sainte en ses haillons, avec de grands yeux mystiques où de petits lys bleus semblaient fleurir, il lui sembla, sans doute, que c'était du ciel, touché de son vain désir, que lui venait cette aumône d'un brin de buis consacré par l'eau sainte des bénitiers où elle hésitait toujours à tremper sa main hâve et brûlée, qu'elle n'en ternît un instant la limpidité. Et elle ne regarda pas que la branche était à demi séchée avec des feuilles qui craquaient au toucher comme le sable sous les pas, mais elle baisa le rameau et, toute consolée sous un oblique rayon de soleil déclinant déjà, qui mettait comme des gouttelettes roses au miel vivant de sa chevelure, et de vagues bordures d'or à ses sordides vêtements, elle rentra dans la maisonnette ouverte à tous les vents, dont le propriétaire lui donnait la jouissance, par pitié, et n'ayant trouvé à la louer, si peu que ce soit, à si malheureuse que ce fût.

Ah ! que vous avez tort de ne pas croire à l'éternelle légende d'où tous nos beaux contes paysans, des forêts de l'Ardenne aux bords ensoleillés de la Garonne, sont sortis et que maintenant de curieux bibliophiles recueillent, à l'éternelle légende de l'amoureux longtemps attendu qui parle et reconnaît, dans une inconnue qui passe, celle qu'il devait à jamais aimer, histoire très morale et très touchante, en somme, et qui fait, de l'Amour, le vengeur des iniques destinées ! Comment un beau gars, vigoureux au travail, aimant et naïf, qui sera demain le mari de Jeanne la pauvresse, l'a-t-il rencontrée, et pourquoi, dominant les mépris où l'abandonnée promenait son triste chemin, osa-t-il lui parler d'amour ? L'histoire est assurément simple et commune. Sans doute, par un beau soir de l'été dernier, où il revenait de son travail, le cœur en joie, grisé par l'odeur chaude des

foins, et où elle-même marchait devant lui, dans le grand frémissement de la nature, le soleil oblique et déjà déclinant mettant encore de faux et très pâles rubis au miel vivant de sa chevelure. Mais ils firent longtemps route ensemble, et Jeanne, la pauvrette, avait un ami dans la vie, où elle se croyait seule à jamais.

Il faudrait être dénué de superstition, au point d'en être imbécile, pour ne pas attribuer ce changement de fortune au rameau de buis, autrefois béni, que la pauvrette avait reçu du ciel et attaché à la couronne de bois mangée aux vers, laquelle sans cesse hochait, comme un chef tremblant de vieille, à la tête de son méchant lit. Car il est certain qu'avec ce rien pieux, tout de suite une certaine félicité relative avait pénétré dans la maison, où jusque-là, la jeune fille n'avait jamais ni ri, ni chanté. Il est certain que trouver un mari dans le monde villageois actuel, si âpre au gain et à l'épargne, quand on n'a soi-même que d'admirables cheveux blonds et des yeux où de petits lys bleus semblent fleurir, est un bel et bon miracle. Au reste, Jeanne en est si bien convaincue que, demain, quand les cloches reprendront leur volée pour son mariage, elle cachera parmi les grappes de fleur d'oranger qui retiendront à son front son voile, une toute petite feuille du rameau mystérieux et deux fois béni par les mains saintes du prêtre et par les baisers fragiles de l'Amour!

MI-CARÊME

MI-CARÊME

I

Un an encore. Car c'était à la Mi-Carême de l'an passé !

Dieu m'est témoin, qu'en Parisien consciencieux mais regrettant Toulouse, j'étais debout sur l'escalier extérieur de l'Opéra, irréprochablement cravaté de blanc et cachant, sous mon pardessus, le frac réglementaire. O monument élevé à la gloire du grand art, mais à la façon des tombeaux! On peut t'aborder en vareuse et en chapeau mou dès qu'il ne s'agit que d'entendre, au sein de tes dorures, *Aïda* ou *Lohengrin*, l'âme de Verdi ou celle de Wagner. Mais dès qu'il est question d'y prêter une oreille attentive aux chefs-d'œuvre de Léon Vasseur ou d'Audran, en présence de ce que la coiffure contemporaine et le commerce des denrées coloniales ont de mieux costumé, une tenue solennelle est de rigueur. Je m'étais soumis. J'étais digne du lieu et de la noble société qu'on y fréquente en ces occasions élues. Pourquoi alors ne me hâtais-je pas davantage d'entrer? Mon Dieu, parce que la nuit qui aime aussi probablement les flonflons de la musiquette, était superbe au dehors, avec un ciel sombre et profond, constellé d'étincelles comme l'œil d'un chat géant.

Après six mois de nuages sur lesquels le soleil et la lune arrivaient, à grand'peine, à dessiner, de temps en temps, une tache rose ou jaune, pareille à un œuf sur le plat, le spectacle de ce firmament plein d'étoiles était une nouveauté tentante, une avance d'hoirie du printemps, une actualité pleine de saveur. J'aurais pris volontiers, comme un simple astronome, des notes sur le phénomène, si je n'avais été distrait par le va-et-vient des gens qui, moins portés que moi à la rêverie, gravissaient les marches autour de moi, en soufflant et en pestant contre la mauvaise qualité de leurs gants. Car, depuis que les gantières de ce quartier-là ont déserté le culte innocent de Jouvin pour les autels plus compromettants de Vénus, le chevreau est dans le marasme et le suède craque comme un simple Panama. Bientôt je me mis à regarder machinalement les voitures qui s'arrêtaient et les femmes qui en descendaient emmitouflées, celles-ci avec des messieurs que les cochers traitaient de pingres, celles-là seules et ayant visiblement le classique *Quærens quem devoret* pour devise. Je pris même un plaisir peu conforme aux saintes traditions de la décence et aux austères préoccupations du Carême qu'on prêche pendant ce temps-là, en étudiant soigneusement la façon dont elles troussaient leurs lourdes jupes, découvrant des souliers de satin et des bas de soie dont l'ombre, exagérée par la lumière électrique, traçait des tire-bouchons noirs sur leurs talons.

Et ce sera ainsi demain encore; mais on ne me verra plus sur le monumental escalier.

II

Celle-ci descendit seule, seule et enveloppée dans une large pelisse blanche et bordée de cygne, la tête sous une dentelle éplorée qui ne permettait pas de reconnaître son visage. Mais, à sa haute taille, à sa démarche nonchalante, et fière à la fois, à je ne sais quel balancement voluptueux et aristocratique de toute sa personne, il me sembla que je ne pouvais me tromper, et un long frisson me courut par tout le corps.

C'était impossible pourtant! N'avait-elle pas quitté Paris à l'automne? Ne m'avait-elle pas juré qu'elle n'y reviendrait jamais, puisque nous ne pouvions nous y aimer toujours? Ne m'avait-elle pas ordonné de l'oublier, mais d'un ton qui m'assurait qu'elle était certaine de mon immortel souvenir? Et pourtant nulle autre, je l'aurais juré, n'avait ce pas de déesse, cet orgueil d'allure, ce je ne sais quoi de vainqueur et d'inflexible qui m'avait dompté, dès la première rencontre, et arraché le cœur de la poitrine, pour le mettre sous son pied.

Une tempête de contradictions se déchaîna dans mon esprit et de vagues tortures m'envahirent. La suivre! m'acharner à elle jusqu'à ce que le papillon eût dépouillé la chrysalide pour se ruer en pleine lumière! C'était la seule chose possible, la seule logique et qui pût mettre un terme à mon angoisse. Une pensée m'en empêcha. Qu'eût fait, de plus, un jaloux et quel droit avais-je d'être jaloux? Je serais bien avancé, morbleu! à être sûr qu'elle était venue là pour quelque intrigue nouvelle et de connaître *de visu* l'heureux homme pour qui elle daignait mentir, comme elle l'avait fait pour moi! Je ne suis pas de ceux qui se croient le droit de mépriser une femme parce qu'elle a le mauvais goût de leur préférer un autre amant. N'ayant éprouvé que sur le tard le triste besoin d'être fidèle, je n'ai que de l'admiration et de l'envie pour ceux qui ne le ressentent pas encore. Et puis la belle consolation de se dire qu'on méprise une maîtresse dont on a plus envie que jamais !

Et d'ailleurs, pendant que je me disais ces choses essentiellement raisonnables, elle avait plongé dans la foule accrue qui s'était refermée sur son chemin comme un flot aux mille remous, et rien ne demeurait du sillage que l'admiration de tous et mon inquiétude passionnée avaient, un instant, dessiné derrière elle; même en me haussant sur les pointes des pieds, je n'entrevoyais plus les houppes de neige de sa coiffure, malgré qu'elle eût longtemps dominé tout ce qui l'entourait comme une floraison blanche flottant entre les roseaux d'une eau qui court. Le tumulte croissait au dehors, cependant que s'exhalait, déjà, au dedans, l'âme harmonieuse des faiseurs de quadrilles. Les fiacres se heurtaient, dans la buée des chevaux essoufflés, le dernier claquement des fouets et au travers des jurons, plus drus et plus cahotants, malgré les pantomimes télégraphiques des sergots,

et le fourmillement s'épaississait, assez monotone d'aspect, traversé seulement, en tous sens, par les chienlits multicolores échappés des chars diurnes où trônait le blanchissage, grisés tout à la fois par les vins douteux et la fanfare de la Saint-Hubert, soufflant, dans cette ironique garenne, leurs cynégétiques volées. L'horreur me prit de cette tourbe de frêlons qu'attirait la clameur héroïque du cuivre; des soupirs de valse passaient, par bouffées, dans le bruit trépidant de la machine à vapeur entretenant les foyers électriques. L'image se dessina, dans mon cerveau, de cette gaîté banale des carnavals se survivant à eux-mêmes, de ce vacarme où l'esprit n'a plus de place, de ce rendez-vous obstiné de tous les désœuvrements nocturnes. Et c'est là que je l'eusse revue, après des adieux où mon âme avait failli se briser! Après le grand déchirement de la dernière étreinte! Après les larmes tombées ensemble sur nos mains enlacées! A cette seule idée qui fut, pour moi, celle d'une profanation, je redescendis brusquement quelques marches pour m'arrêter encore dans une irrésolution désespérée.

III

Non ! ce n'était pas possible ! Je me rappelais trop bien la grande poésie qui avait enveloppé nos trop rapides amours, cette soirée d'été où nous nous trouvâmes sans force l'un devant l'autre, ne nous étant rien dit encore, tremblants comme si tout bonheur immense était un crime. Je la revoyais debout, ses magnifiques cheveux délivrés de son chapeau que j'avais enlevé sans qu'elle ait rien fait pour m'en empêcher, la tête basse et retirant lentement ses gants de Suède, silencieuse et comme recueillie dans cette première solitude qui était faite à notre mutuel désir, en un décor banal aussi, mais dont nous avions clos toutes les issues, et dont les vulgaires tentures, les glaces rayées au diamant disparaissaient, pour nous, dans la nuée de rêve où flamboyaient nos regards. L'ongle de son petit doigt s'était cassé dans un mouvement nerveux qu'elle fit pour dégager tout à fait sa main blanche et effilée. Je le ramassai comme une relique, tant tout était religieux et passionné tout ensemble dans notre extase. Une lumière rouge passa devant mes yeux quand je me retraçai ce qui suivit ces divins enfantillages, le long embrassement dans l'air tiède de la fenêtre entr'ouverte, nos bouches tout à coup mêlées dans un baiser furieux, ses épaules défaillantes que je craignais d'écraser en les soutenant, l'oppression de sa gorge contrariant mon propre souffle... et puis le retour sans une parole, son bras s'appuyant sur le mien, l'étreignant par intervalles, la grande nuit qui s'était levée pendant que nous oubliions l'univers, la nuit toute ruisselante d'argent, dont les gouttes tombaient en s'éparpillant dans le fleuve aux murmures attendris.

Oh! l'éblouissement de cette première heure d'amour charnel après ces idéales amours, cette confusion du rêve même devant les immenses délices de la réalité, toutes les beautés lentement bues, par tout mon corps qui n'était plus fait que de lèvres, de la femme longtemps désirée, l'éclosion divine des baisers innombrables comme les bourgeons qui éclatent aux branches printanières; et puis le néant délicieux qui suit, le vide enivrant où se débattent les ailes brisées de la pensée, les plus petites choses redevenant les graves faveurs après lesquelles on avait si longtemps soupiré!

Où m'avait entraîné cette course exaspérée de ma mémoire vers un passé trop court?

Je me retrouvai chez moi, dans mon jardin, bien loin du fantôme blanc entrevu dans le bal et qui m'avait jeté dans ce torrent de souvenirs. Et, le lendemain matin, quand je m'éveillai, après quelques heures de repos, la gelée blanche ayant diamanté d'une imperceptible poussière les squelettes des arbres et les cimes dévastées des gazons, tout en allumant la pipe fidèle à laquelle je n'aurai jamais l'imprudence de donner un nom de femme — elle me trahirait le lendemain — je me pris à penser que tout cela n'avait été qu'un rêve et que cette inconnue que j'avais cru reconnaître était, sans doute, l'Aurore qui, avant d'ouvrir de ses doigts roses les portes du ciel, avait été faire, à l'Opéra, sa petite débauche de Mi-Carême, soigneusement dissimulée sous une dentelle de nuages. C'est ainsi, certainement, qu'ayant oublié de retirer sa poudre de riz, en reprenant sa céleste tâche, elle l'avait semée, en passant, aux squelettes des arbres et aux cimes dévastées des gazons.

Et ce sera peut-être encore ainsi après-demain matin. Mais je n'aurai pas été, peureux d'un pareille angoisse, contrairement aux saintes traditions de la décence et aux austères préoccupations du Carême qu'on prêche pendant ce temps-là, étudier la façon dont les femmes trousseront leurs lourdes jupes, découvrant des souliers de satin et des bas de soie dont l'ombre exagérée par la lumière électrique tracera des tire-bouchons noirs sur leurs talons.

NOBLESSE OBLIGE

NOBLESSE OBLIGE

Sur la place de Sancoins, au cœur du Cher, et près de cette hôtellerie du Grand-Saint-Joseph où la gastronomie berrichonne se donne rendez-vous, dans l'avenue aux arbres poudreux, en été, où nous avons si bien dansé fort avant dans la nuit, au son des vielles et des cornemuses, quand le bon sculpteur Jean Baffier maria son frère Baptiste, la fête patronale bat son plein, par un soir pesant, dans un air affadi par l'odeur des friandises en plein vent et la fumée des lampions dont les saltimbanques et les charlatans éclairent leurs exercices. A droite, les chevaux de bois tournent dans un déchirement d'orgue époumonnées, et les jolies filles aux coiffes blanches, que le costume féminin des bicyclistes préoccupe peu, sautent bravement à califourchon sur les fantômes aux crinières droites des coursiers du Parthénon. D'inégales boutiques, où étincellent des couteaux de Châtellerault, où des pains d'épices de Bourges affectent de plaisantes silhouettes, empestées d'une rosée d'anis; des tirs à la carabine, voire à l'innocente arbalète; de menues tentes où se débitent d'exotiques bonbons, se succèdent, en se rapprochant de l'église au calme portail sous le clair de lune, petit faubourg forain conduisant au cirque fastueux qui compose l'aristocratique élément de ces réjouissances populaires. Car il n'est pas si mort que vous le croyez, le bon cirque provincial, où des hussards jouent sur l'estrade, où le classique Gringalet reçoit des gifles durant la parade, et où des chevaux savants désignent le monsieur le plus gourmand ou la demoiselle la plus amoureuse de l'aimable société. Il ne s'aventure plus dans la banlieue de Paris où règnent maintenant, en de vrais théâtres, de vrais corps d'État, où la féodalité foraine ne souffre pas d'intrus dans ses nobles rangs. Pour être un établissement qualifié de premier ordre par ses propres administrateurs, en une suggestive affiche, le cirque Hispano-Russe, dirigé par M. Boleslas que Sancoins possédait dans ses murs, n'appartenait encore qu'au Tiers-État et se contentait d'être le premier, entre Lyon, Angoulême et Châteauroux. Il comptait quinze chevaux, trois clowns, deux écuyères, et une famille de trapézistes volants, puis des écuyers revêtant à l'occasion le frac légendaire de M. Loyal. Au demeurant, quelque chose d'important et de cossu. Et je vous prie de croire que M. Boleslas, dans la journée, tenait son rang au café et ne soulevait pas volontiers, pour ses collègues du plein air, même le petit bout de sa casquette. On sait ce qu'on est et ce qu'on vaut.

Quatre piquets et une méchante toile avec, posés deux à terre, deux accrochés à un ais grossier, quatre lampions qui fumaient comme douze, avec des flambées intermittentes et terminées en langues noires; un mauvais tapis rapiécé et vallonné par des dessous d'herbe sèche, tel était le décor très humble où Mlle Lilia s'escrimait, cependant qu'un gamin, son frère, s'acharnait sur un tambour plus lourd que lui, et qui avait peut-être battu des charges sous le grand Empereur. Tour à tour avalait-elle la lame d'une courte épée, puis jonglait-elle, d'abord avec de simples boules de cuivre, puis avec des assiettes et des saladiers ne rendant qu'un son très conventionnel de faïence ou de porcelaine, puis avec des objets de poids très inégaux, une pomme, un boulet de couleuvrine et une boulette faite avec une seule feuille de papier à cigarette. Pour la fin, elle réservait sa danse des poignards, de lourds poignards aux manches de cuivre, qu'elle lançait très haut, et recevait avec une adresse infinie, calculant, au nombre de tours des lames massives et largement triangulaires, dans l'air, l'endroit précis où ses doigts en pouvaient éviter le tranchant. Elle mettait à ce jeu une audace particulière, faisant passer des frissons dans le populaire qui l'entourait, tant on sentait qu'une seule faute de précision et l'arme pouvait lui tomber, pointe en avant, sur la tête ou dans le cou, ou plus bas encore. Mais elle était si sûre d'elle, comme en témoignait son sourire égal, vaguement automatique et figé aux lèvres, mais qui mettait comme une coulée de lait étincelant, entre ses lèvres rouges comme une grenade déchirée.

Malgré son nom de fantaisie, Lilia, elle donnait plutôt une impression de fleur sauvage et pourprée que de fleur hiératique laissant choir un à un, sur la terre recueillie, les pétales blancs et glorieux de sa virginité. Il y avait certainement, en elle, du sang de tzigane et on ne m'aurait pas surpris en me disant qu'elle était née dans ce campement obstiné de Bohémiens que possède encore le faubourg de Saint-Cyprien, à Toulouse, gîte sordide d'éternels insoumis où grouillent des enfants aux chevelures moutonnantes et noires, où de grandes filles souples et déjà courbées, bien que jeunes, semblent des roseaux au clair de lune. Elle était brune ainsi et, comme on dit, basanée, avec de chaudes coulées d'ambre sous la peau, les mains et les pieds petits d'un dessin à la fois puissant et gracile, mieux fait pour le bronze que pour le marbre. Mais ses yeux n'étaient pas noirs comme ceux des gitanes qui portent la Nuit sous leurs cils d'ombre. Ils étaient d'un vert étrange, d'un vert doré légèrement, admirablement transparents, comme deux larges gouttes d'absinthe très pure. L'impression en était à la fois vénéneuse et douce comme celle de ces fleurs aux poisons très subtils qui ne croissent qu'au sommet des montagnes et qui ont des regards de fées mauvaises, habitantes nocturnes, sans doute, des grands lacs d'argent où se détend, dès l'aube, comme un arc, la course affamée des truites étincelantes comme des pierreries. Mais non ! A les regarder de plus près, dans leur limpidité sans mystère voulu, les yeux de la petite jongleuse portaient, en eux, plus de mélancolie que de féminine traîtrise, yeux de victime plutôt que de bourreau, ouverts, en dedans surtout, sur le redoutable secret des destinées. Les épaules un peu hautes dans leur maigreur adolescente, les jambes un peu grêles, sous la trahison du maillot, bien que d'un dessin très pur, elle méritait son sobriquet, sans doute, par l'absence de tentations brutalement charnelles dont sa beauté réelle était caractérisée. Elle n'avait rien de la polissonnerie des autres petites saltimbanques, ni de leur si naturelle effronterie. Une parcelle de rêve se dégageait de cet être, et quand ses camarades de la baraque foraine la blaguaient sur sa sagesse, sans qu'elle daignât leur répondre, on se faisait, sans grand effort, à l'idée que, dans cette vie compromise et errante, elle fût sage en réalité. Vous pensez si son costume était pauvre et de vétusté évidente! Elle y avait recousu, cependant, pour ce soir-là, des paillettes toutes neuves, luisantes comme de petites lunes, et avec plus de coquetterie que de coutume, elle avait ramené sur sa tête le retroussis lourd et révolté, aux vagues sombres, de ses admirables cheveux.

Et, minuit approchant, c'était la lassitude un peu partout, dans les parades cacophoniques, les chevaux de bois ne tournant plus qu'en grinchant, les boutiques commençant à se fermer derrière leurs volets de bois aux ferrures horizontales, les tirs n'égrenant plus que les derniers coups de feu d'une bataille, les marchands de pain d'épices manquant totalement de verve et le grand cirque Hispano-Russe ayant dégorgé, à travers un effroyable gémissement de planches surchargées, sur la place, le public de sa dernière représentation. Seule, Lilia ne semblant pas se douter de l'heure, continuait fiévreusement ses jeux avec les boules, les assiettes et les couteaux, et retenait, autour d'elle, tous les noctambules de Sancoins, à la grande joie de MM. les cafetiers qui n'aiment pas qu'on se couche de bonne heure.

Or, voici ce qui se disait, à cet instant précis, dans le cabinet directorial, de toiles et de planches comme tout le reste, de M. Boleslas, directeur du grand cirque Hispano-Russe, dont s'éteignaient les dernières chandelles, entre cet honorable industriel et son fils Jean Boleslas, âgé de vingt ans, qui montait en haute école, tous les soirs, au point culminant de la soirée :

— Et ne t'imagine pas, misérable saligaud,

28.

que je te laisserai faire cette folie. Une fille de rien !

— C'est la plus habile équilibriste que j'aie rencontrée jamais, mon père, et si ses exercices étaient bien présentés, ils feraient fureur.

— Des bêtises ! Une saltimbanque ! Ah ! sacré nigaud !

— Dites donc, papa, vous m'avez raconté que vous aviez commencé, vous-même, par manger des étoupes.

— C'était par goût. Je me suis bien vite élevé à mon rang. Et ça t'a pris comme ça, cette idée d'épouser, toi, un Boleslas ! une traînée ?

— Tous ceux qui la connaissent te diront que Lilia n'a jamais eu d'amoureux.

— Ça me prouvera qu'il y a beaucoup de gens aussi bêtes que toi. Ah ! non ! pour un Boleslas, tu n'es pas fort !

— Non ! je ne suis pas fort, mais je l'aime, et comme je ne l'aurai pas autrement, je la veux pour femme.

— Ah ! nom de nom ! Un homme dans notre position ! Un homme qui peut arriver à tout !

Qui pourrait épouser demain une Bouthor, ou une Pierantoni ! Tiens, tu me fais pitié, avec ta galvaudeuse.

— Je l'aime, mon père, et je souffre à en mourir.

— Travaille deux heures de plus le matin et ça te passera. Tu ne te souviendras que de ta selle. Un Boleslas ! Un Boleslas !

Et le vieux, tout à fait tragique et gentilhomme, comme feu Lacressonnière en ses plus aristocratiques créations, avait des mimiques de dégoût pour la roture ! Pouah ! pouah ! pouah ! les petites gens !

— Bonsoir, fit-il ensuite rudement. Et ne me reparle plus jamais de ça.

— Pauvre Lilia ! pensa Jean Boleslas.

Et une vraie douleur lui poignait l'âme.

Mais non au point de s'y changer en révolte. Car il n'est que ces fils de saltimbanques, élevés à coups de trique, dans ces roulottes qui sont le dernier asile du patriarcat, pour respecter la volonté du chef de famille, ce qui n'est point pour faire prévaloir la douceur dans les saines méthodes d'éducation.

Un instant après, le père couché, il coiffait son chapeau mou et descendait sur la place. Lilia y travaillait encore devant l'arrière-garde des badauds. Quand elle l'entendit s'approcher, enveloppée qu'elle était par un vol d'assiettes, jetées à pleines mains, elle eut un tressaillement. Elle ramena rapidement à elle la vaisselle aérienne et se retournant :

— Eh bien? lui dit-elle, très pâle, sous la sueur qui baignait ses joues.

— Eh bien! le vieux ne veut pas.

Et il baissa la tête. Sans plus le regarder, elle se remit face au public et prit, à terre, la poignée de couteaux posée en un coin du tapis. Symétriquement, comme un joueur les cartes de son jeu, elle les tint en éventail, en les prenant par la pointe, le plus massif et le plus long occupant le milieu. Puis, avec son sourire accoutumé aux lèvres, elle jeta en l'air ceux des angles, d'un mouvement cadencé, donnant une envolée plus haute, et perpendiculaire, à celui du milieu, élargissant, sans cesse, l'aile d'acier qui se développait autour de ses poignets, si bien que le plus long poignard montait à plusieurs mètres au-dessus de sa tête. Alors, tout d'un coup, à la minute précise où il était au sommet de sa course, la pointe en bas, elle ouvrit les deux bras, laissant les autres rouler à terre, cambra les reins, tendit la poitrine en avant et reçut en plein cœur la pesante lame qui plongea, jusqu'au manche historié de cuivre, dans la blessure ouverte.

Puis, elle tomba raide et sans un cri.

Boleslas daigna, deux jours après, dire beaucoup de bien d'elle à son enterrement. Sa mort tragique avait peut-être sauvé la noblesse du tremplein.

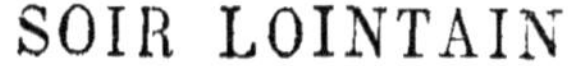

SOIR LOINTAIN

SOIR LOINTAIN

Si tu le permets, ô lecteur que je veux croire ami, je ne tenterai pas de me dégager du voile de tristesse dont un récent anniversaire m'a comme enveloppé, et, si le deuil public ne fût que d'une journée, il appartient aux amis du mort de se souvenir plus longtemps et de s'obstiner davantage dans leur douloureux recueillement. Tous ceux qui ont été de l'auguste intimité de Sadi Carnot sont, comme moi, j'en suis sûr, aujourd'hui encore, incapables de rentrer, le courage au cœur et le rire aux lèvres, dans le courant bruyant de la vie ambiante et demeurent dans leur chagrin, comme des exilés dans une île, sans rien demander, au flot qui passe, que de bercer doucement leur mélancolie. Le coup a été trop cruel pour nous.

Sans être de ceux qui convient l'âme des défunts à venir animer leurs meubles familiers, et les attendent commodément, en pantoufles, les pieds sous leurs tables, je crois volontiers que les ombres aimées ne sont pas insensibles à l'appel de nos larmes, et que de doux spectres s'apitoyant à notre propre peine, mettent, dans l'air qui passe, autour de nous, comme un amical frôlement, plus subtil que le parfum des fleurs fanées et que l'insensible écho

Des voix chères qui se sont tues,

comme dit l'admirable vers de Paul Verlaine. Jamais je ne l'ai cru davantage que durant ces deux journées où je ne pouvais fermer les yeux, dans ma volontaire solitude, sur un de ces rêves qu'on fait éveillé à demi, et où s'enferme jalousement notre souvenir, sans que l'image du compagnon d'autrefois m'y vînt tenir compagnie, telle que l'a gardée ma mémoire, du temps où se scellait, en de communs travaux, la fraternité de nos esprits. Et de Musset aussi, ces vers bourdonnaient, en dedans, à mon oreille, comme une ruche subitement réveillée :

Un soir, quand j'étais écolier,
J'étais demeuré pour veiller
Près de ma table solitaire,
Quand à mon côté vint s'asseoir
Un étranger vêtu de noir,
Qui me ressemblait comme un frère.

Nous portions, en effet, la même tenue sombre des jours d'études, à l'École, et, sur la tête, le même bonnet dit de police dont le gland indiquait, par sa couleur, les promotions. Et, par le chemin troublé des heures qui nous avaient longtemps séparés, se comptant, non plus par jours, mais par années, je remontai jusqu'à une heure lumineuse où nous nous étions sentis plus près l'un de l'autre qu'à aucune autre, et qu'il me fut donné de revivre avec une intensité égale à celle même de la vie.

C'était à l'époque des concours, et je ne sais plus pourquoi, ni l'un ni l'autre, nous n'avions profité de la sortie facultative qui nous était accordée après chaque épreuve. Ou plutôt, je le sais. Sadi Carnot était resté à l'École pour travailler encore, et moi, parce que j'étais consigné. C'était dans l'ordre absolu des choses et de nos mérites réciproques. Dans la grande cour quadrangulaire dont les platanes avaient revêtu déjà leur pollen de poussière blanche, à la porte de la chapelle qui servait alors de bibliothèque et de conservatoire de musique, aujourd'hui disparue, assis sur les marches, et le dos contre la pierre, nous devisions, ayant le droit de demeurer dehors après la récréation. A peine quelques silhouettes apparaissaient-elles aux fenêtres des salles, et, dans les escaliers, le va-et-vient discret de ceux que nous appelions : le cercle militaire, et qui allaient causer stratégie, en fumant des cigarettes, dans une encoignure à peu près complètement cachée au regard des adjudants; au dehors, le bruit de la rue populeuse que remplissait le retour des ateliers, grouillement de pas hâtifs et rires éclatants de jeunes filles qui troublaient la virile austérité de nos méditations et nous faisaient bondir désespérément nos vingt ans captifs dans nos poitrines. L'angelus, au clocher de Saint-Étienne, dominait ces voix confuses d'inutiles appels aux fois éteintes, triste comme le glas des croyances envolées.

Et nous causions de toutes choses, philosophiques plutôt que mondaines, notre entretien ayant pris le ton élevé que comportaient seules les préoccupations ordinaires de Sadi Carnot. Non pas qu'il fût le moins du monde pédant et quintessencié. Il était sans révolte contre ma coutumière gauloiserie; mais c'eût été, à moi, un manque absolu de courtoisie, un plagiat superflu de Panurge, que continuer à lui parler une langue qui, évidemment, n'était pas la sienne. D'autant qu'on m'embarrasserait fort en me demandant encore aujourd'hui lequel j'admire davantage et possède le mieux dans ma mémoire, de Rabelais ou de Platon. Et, vraiment, je demeurai toujours, depuis, sous l'impression d'estime, de sympathie et de respect pour mon interlocuteur, qui me vint de ce dialogue où je parlai, de moins en moins, tout au charme de laisser cette âme si pure, si haute et si noblement ingénue se révéler avec cette confiance dont je sentais, en moi, un indéfinissable orgueil. Ah! que la Patrie a bien raison de pleurer un tel homme et de si rare vertu!

On était en pleine splendeur impériale. Nous venions d'illuminer pour la nouvelle de Magenta, avec l'alcool de nos lampes jeté dans nos godets à lavis. On nous apprenait, dans nos cours d'art militaire, que nous étions invincibles, et c'était, pour presque tous, une absolution du crime originel pour le régime qui emportait la France dans un tel rayonnement de gloire. L'École, la révolutionnaire de Juillet, le berceau de la démocratie éclairée, comptait à peine, dans ses rangs, cinq ou six jeunes gens demeurés obstinément républicains. J'en étais, mais avec quelles violences ridicules dont mon ami Duportal, aussi violent que moi, ne peut pas encore s'empêcher de rire quand nous nous en rappelons! Sadi Carnot, lui, qui était par son père et son grand-père de noblesse républicaine, dont le nom glorieux était, dans l'avenir, un danger pour lui-même, si les choses restaient ainsi, en parlait cependant sans colère ni haine, avec une modération pleine de fermeté, mettant la France plus haut, dans un rêve de relèvement moral et de liberté, confiant dans l'immortelle justice, comme si des voix intérieures l'eussent rassuré; et imberbe qu'il était alors, avec des yeux clairs de vierge, il évoquait lointainement, en parlant de la Patrie, le souvenir de la bonne Lorraine confiante dans son Dieu.

Dans les choses de l'au-delà, il apportait cette foi instinctive à l'invincible revanche du Bien dans les postérieures destinées. Le livre de Büchner : *Force et matière*, venait d'être récemment traduit en français et avait semé de rapides ferments de matérialisme dans la jeunesse, celle surtout qui s'était vouée aux études scientifiques et se laissait duper par la phraséologie technique du docteur allemand. J'ai, depuis, relu ce manuel des désespérances dans un monstrueux orgueil du néant. Si faibles, j'en conviens, que soient les preuves données, jusqu'ici, par la psychologie, de l'immortalité de l'âme, elles le sont moins encore que celles de Büchner concluant à sa non-immortalité. Il est temps de s'apercevoir que le mystère est plus haut que nous et de se contenter de l'oreiller de Montaigne. Donc, il y en avait de fougueux parmi les buchnériens de l'École et c'était un repos d'entendre Sadi Carnot parler de ces problèmes élevés avec une tolérance vraiment philosophique et parfaite, qu'il conserva d'ailleurs toujours, pour ce qui touchait aux religions, bien justement convaincu qu'il était qu'on est mal venu à traiter d'enfantillage ce que de très nobles esprits et les plus judicieux de leur temps ont accepté, le seul doute permis étant que la raison humaine ait agrandi son champ autant qu'il nous plaît de le croire.

Il reparle et j'écoute vraiment cette lointaine causerie, en en invoquant le souvenir.

Est-ce maintenant l'imagination et le rêve qui en interprètent le décor si simple en le dramatisant, dans ma mémoire, sous l'impression de tout ce qui vint ensuite? Ou bien les choses ont-elles vraiment, comme l'ont cru les anciens, un sens divinatoire dont nous ne perçons que plus tard le secret? Mais non, il me semble bien que je me souviens encore seulement. Pendant que nous dissertions ainsi, tout à la franchise de notre parler à âme ouverte, lisant dans l'esprit l'un de l'autre comme dans un livre, le soleil se couchait, éparpillant au-dessus des toits les gloires fulgurantes de son déclin. Et c'était comme une lumière d'apothéose dans le ciel rayé d'or où couraient des fumées de pourpre, et des reflets de cette clarté venant se briser à l'angle des pierres, la face de celui qui me parlait en était comme nimbée, et quand mon regard s'en détachait pour contempler cette splendeur occidentale, dans la chevauchée de ces petites nuées, je le voyais encore, comme emporté au plus haut par le vol des destinées. Était-ce donc le pressentiment des honneurs qui devaient le surprendre, dans la volontaire médiocrité de ses ambitions, et l'élever à la face du monde tenant, sur le ciel rasséréné, au rouge déclin de ce siècle, le drapeau relevé de la France? N'est-ce pas plutôt, dans mon esprit, la vision reflexe et purement contemporaine de ce qué fut en réalité sa fortune?

Je ne sais pas, mais de ceci je suis sûr — et l'impression en demeure encore dans mes yeux.

Quand, après un long silence. où nous avait induits, tous les deux, la contemplation de ce beau et mélancolique spectacle de l'horizon où mourait le soleil déchiré par l'innombrable flèche d'ombre des toits, je me tournai vers Sadi Carnot, sa tête s'était légèrement revulsée contre le mur, ses paupières s'étaient abaissées et, du soleil couchant, une dernière pointe rouge mettait, à la chemise ouverte, comme une petite tache de sang, le coup de couteau du meurtrier.

TABLE DES MATIÈRES

TABLE DES MATIÈRES

FIN

PARIS. — IMP. E. FLAMMARION. RUE RACINE. 26.

www.ingramcontent.com/pod-product-compliance
Lightning Source LLC
LaVergne TN
LVHW020533230826
846091LV00002B/257

* 9 7 8 2 0 1 9 6 9 6 0 6 1 *